AF400930

TRAITÉ OU REVUE GÉNÉRALE
DE L'ARCHITECTURE
DU MOYEN-AGE EN FRANCE.

TRAITÉ

ou

REVUE GÉNÉRALE

DE

L'ARCHITECTURE

DU MOYEN-AGE EN FRANCE,

DU Ve AU XVIe SIÈCLE,

PAR

Ch. JEAN, Architecte.

NANCY,

VAGNER, IMPRIMEUR-LIBRAIRE, RUE DU MANÉGE, 3.

1857.

NANCY. — Imprimerie de VAGNER, rue du Manége, 3.

PRÉFACE.

L'étude des monuments du moyen-âge a été, depuis plusieurs années, en France et à l'étranger, l'objet d'une vive fermentation artistique et de préoccupations sérieuses et persistantes. Jusqu'à cette époque, on était resté à peu près indifférent à l'aspect de ces merveilles sans nombre qui couvrent le sol de notre belle France ; on ne s'attachait pas plus à l'étude de ces chefs-d'œuvre artistiques qu'on ne s'appliquait à les doter de travaux de restauration qui pussent les sauver de l'état de ruine imminente où les avaient amenés et l'existence de plusieurs siècles et le défaut d'entretien. Pour porter un remède efficace à cet état d'inertie de l'art et ramener un peu l'attention de nos artistes sur notre belle architecture du moyen-âge, il fallut une énergique initiative, un esprit bien éclairé et puissant, qui comprît la nécessité et l'importance de cette mission. En pareille occurrence, le Gouvernement, dans sa vive sollicitude, entreprit cette tâche; dès lors, des projets de restauration furent étudiés et élaborés rapidement; en peu de temps, nos édifices religieux, si profondément dégradés, recouvraient leur état primitif. Dès lors, le goût pour le moyen-âge se réimplanta chez nous; on comprit mieux sa simplicité, sa beauté, sa richesse, auxquelles s'alliait un cachet profondément religieux. L'élan se continua et de nos jours nous pouvons voir, à notre grande satisfaction, avec quel zèle on cherche à généraliser l'étude de cette architecture et son emploi dans les constructions religieuses de notre époque.

Lorsque nous jetons un coup d'œil sur cette masse de monuments épars sur notre sol, nous sommes étonnés de leur effet imposant et majestueux, alliant le simple au sévère, la hardiesse et l'élégance à la richesse; si notre attention se reporte sur les détails, nous y apercevons d'une manière évidente l'emploi de dispositions et de combinaisons judicieuses, d'une ornementation variée et riche; tout est d'un naturel qui plaît et nous révèle de la part des constructeurs de cette époque un talent consommé, allié à un aspect heureux de richesse et d'improvisation. Quoi de plus digne d'admiration, en effet, que ces immenses vaisseaux tout ajourés, ces piliers flanqués de colonnettes qui s'élancent dans les régions supérieures des nefs pour servir d'appuis à ces voûtes légères dont l'ensemble produit de si grands effets perspectifs; ces roses splendides qui décorent nos portails; ces flèches déchiquetées à jour, parées des accessoires d'une riche décoration que l'on voit jaillir du dessus des plate-formes des tours, avec une légèreté et une grâce admirables ; ces contreforts hardis, couronnés de pinacles et clochetons ornés de niches et de statues, qui viennent servir de buttée à ces arcs-boutants dont l'emploi utile produit de si merveilleux effets! Tous ces détails et foule d'autres, nous portent au recueillement et nous pénètrent de considération et de respect pour les artistes qui y ont présidé.

La description qui précède s'applique aux édifices construits dans les plus belles périodes du moyen-âge; si maintenant notre attention se reporte sur la généralité des monuments, nous y découvrons à première vue l'existence de deux caractères généraux bien définis : d'une part, c'est l'emploi exclusif de l'arc plein-cintre, qui caractérise l'architecture dite romane; et de l'autre, celui de l'arc ogive, qui caractérise l'architecture dite ogivale. Si, après l'examen de ces deux caractères généraux, on revient aux détails ou caractères particuliers, on y découvre, avec un peu d'attention et d'habitude, des différences plus ou moins sensibles dans la manière dont sont traités les moulures et ornements. Ces caractères variés, que l'on rencontre dans les monuments du moyen-âge, ont fait admettre des classifications au moyen desquelles on peut assigner des époques assez précises à l'apparition des divers styles et se rendre un compte assez exact de la marche qu'a suivie l'art.

L'histoire des monuments du moyen-âge est, sans contredit, une science à la fois récréative et intéressante ; récréative, par la variété des sujets, dont les édifices existants sont une expression parlante et vers laquelle convergent sans cesse nos souvenirs ; intéressante, en ce qu'elle nous montre les progrès de la civilisation à une époque où les monuments, à défaut de l'imprimerie, nous retraçaient l'histoire du pays. C'est en parcourant attentivement cette série de monuments épars sur notre sol que nous apprécierons tout le mérite de nos devanciers et que, pleins d'émulation, de gloire et de zèle, nous nous appliquerons dans l'avenir à rivaliser avec le passé.

Ch. JEAN.

CLASSIFICATION

DES

DIVERS STYLES ARCHITECTONIQUES

QUI SE SONT SUCCÉDÉ PENDANT CETTE PÉRIODE.

Le moyen-âge est cette période temporaire comprise entre la chute de l'empire romain (Ve siècle) et le retour aux formes classiques (1re moitié du XVIe).

Lorsque l'on examine attentivement les divers monuments élevés pendant cette période, on y découvre l'existence de deux caractères généraux bien définis : d'une part, ce sont les arcades décrites sur le gabarit de la courbe dite en plein cintre, et d'autre part celles décrites sur le gabarit de la courbe dite en tiers-point ou en ogive. Si, après l'examen de ces deux caractères généraux, l'attention se reporte sur les détails, on y reconnaît avec la même facilité des variations d'une physionomie bien distincte, constituant autant de caractères particuliers, qui, comme les caractères généraux précités, appar-

1

tiennent à diverses époques successives que nous allons reproduire dans le tableau ci-après.

CLASSIFICATION DES STYLES.		DURÉE DES STYLES.
Architecture romane	Primordiale....	Du V⁰ siècle au X⁰.
	Secondaire....	Depuis la fin du X⁰ jusqu'au commencement du XII⁰.
	Tertiaire ou de transition....	XII⁰ siècle.
Architecture ogivale.	Primaire........	XIII⁰.
	Secondaire.....	XIV⁰.
	Tertiaire......	XV⁰ et XVI⁰ (1ʳᵉ moitié).

Nous allons examiner successivement ces diverses phases de l'architecture du moyen-âge, mais avant disons un mot de l'origine de l'architecture romane et de l'apparition de l'ogive.

Dans les siècles qui précédèrent la chute de l'empire romain, l'architecture gréco-romaine était arrivée à l'apogée de sa richesse et de sa magnificence, reflétant la simplicité grecque et la majesté romaine ; mais à partir de cette époque, elle dégénéra profondément, s'abâtardit, et vint constituer un nouveau style d'architecture, que l'on a qualifié du nom d'architecture romane, et dont la durée s'est prolongée jusqu'au XII⁰ siècle.

Vers le milieu de cette dernière époque, une révolution s'opéra dans l'architecture, le plein cintre romain fut employé concurremment avec l'arc en tiers-point ou ogive ; puis enfin ce dernier lui fut insensiblement substitué. Cette transition offrit à notre architecture du moyen-âge un règne nouveau ; on la vit dès lors prendre une allure franche, adopter des formes de plus en plus élancées et se parer peu à peu d'une ornementation à la fois riche et sévère.

En ce qui concerne l'origine de l'arc-ogive, la plupart des archéologues se prononcent pour l'Orient, car c'est en effet dans cette partie, en Perse, en Syrie et en Egypte, que l'on rencontre des constructions ogivales les plus anciennes et les plus nombreuses. On ne peut assigner d'époque précise relative à l'apparition de cet arc, que l'on voit déjà figurer dans certains monuments de la Grèce, construits bien antérieurement à l'ère chrétienne. Les Arabes, après la conquête du deuxième empire de Perse, au commencement du VIIe siècle, l'adoptèrent dans leurs mosquées et autres édifices.

Il paraît dès lors vraisemblable que l'arc ogival ait été apporté et mis en œuvre, en Europe, par les pèlerins, qui, au VIIe siècle et dans les suivants, se rendaient à Jérusalem.

Les Croisades, qui mirent toute l'Europe en mouvement, exercèrent une influence des plus favorable sur l'introduction du style ogival ; en effet, on vit cette série d'individus appartenant à diverses classes, ces ouvriers de tous métiers, qui à leur retour de Palestine, voulant faire application de leurs souvenirs, affectèrent toutes leurs richesses et leur activité à la reconstruction des églises, dont plusieurs avaient été détruites par la barbarie.

L'influence des Croisades, en ce qui concerne l'importation de l'arc ogival en France, en Belgique, en Angleterre, ne laisse aucun doute, surtout lorsque l'on considère que c'est dans ces pays, qui prirent part au mouvement européen, que l'on rencontre le plus d'exemples d'emploi de l'ogive ; tandis que l'Espagne et l'Italie, qui s'en occupèrent peu, nous offrent un bien petit nombre d'exemples de monuments à style ogival.

Bien que l'ogive nous vienne de l'Orient, il ne faut point confondre le style ogival d'Orient avec notre style qui régnait au XIIIe siècle ; ce dernier l'emporte à la fois par sa légèreté, son fini d'exécution, la sévérité, l'élégance et la richesse de ses détails.

Style roman primordial du V° au X° siècle.

Basiliques romaines.

Les premières basiliques servaient de tribunaux et bazars de commerce ; leur vaisseau était composé de trois nefs parallèles : celle du milieu, plus haute et plus large que les deux autres, était occupée spécialement par les marchands, les plaideurs et avocats ; celles latérales recevaient aussi quelquefois les plaideurs et les curieux. Du côté opposé à l'entrée, il y avait un espace peu profond qui, comme dans nos tribunaux actuels, était réservé aux avocats, greffiers, etc.; cet espace se terminait par un renfoncement en forme d'hémicycle, correspondant à la nef centrale, et dans lequel étaient placés le président et les juges assesseurs (Pl. 1, fig. 1).

Vers le commencement du IV° siècle, l'empereur Constantin, premier prince chrétien, voulant établir le siége de son empire à Byzance (aujourd'hui Constantinople), résolut de ne rien négliger pour la magnificence de cette ville, qu'il dota de magnifiques édifices. L'église Sainte-Sophie (Pl. 1, fig. 6), que l'empereur Constantin fit construire sur le modèle de Saint-Pierre de Rome, fut décorée des chefs-d'œuvre de l'Italie, de la Grèce, et devint le type dans l'Orient de l'architecture à laquelle fut appliqué le nom de byzantine.

Une fois la nouvelle destination consacrée, la place de l'évêque ou prêtre officiant fut au fond de l'hémicycle, sur un siége ou tribune appelé cathedra, le clergé à droite et à gauche formant ceinture autour de l'autel, réalisé par une table de bois soutenue par quatre colonnes. Cet autel, affecté à la célébration des saints Mystères, occupait la partie centrale ; il était entouré par une balustrade appelée cancel, et pouvait être masqué au moment de la consécration et de la consommation des Mystères sacrés par un rideau (velum). L'espace autrefois réservé aux avocats et greffiers fut occupé par les chantres et le bas clergé, et fut appelé chœur. L'ambon ou jubé, espèce de tribune à deux rampes, fut placé en avant de l'autel, pour être affecté à la lecture à haute voix de l'Epître et de l'Evangile. Les nefs étaient occupées par les fidèles; les latérales recevaient les hommes et femmes; les hommes, côté de l'Epître, les femmes, côté de l'Evangile. Une partie de la nef centrale était réservée aux catéchumènes.

On ajouta à quelques basiliques une cour carrée limitée par des arcades ou portiques; cette cour appelée parvis ou atrium servait de refuge aux catéchumènes qui s'y retiraient pendant la célébration des cérémonies auxquelles il ne leur était point encore permis d'assister. Nos parvis ou espaces dallés et un peu élevés à l'entrée de nos églises prennent leur origine dans ces petites cours entourées de portiques.

Au centre de l'atrium existait un petit édicule, parfois octogone, consistant en une cuve ou réservoir appelé piscine, où les néophytes recevaient le baptême; ce petit édicule reçut depuis par substitution le nom de baptistère ou cuve baptismale. Le baptistère n'occupa pas toujours le centre de l'atrium; on le vit dans certains cas adossé à l'église avec les sacristies, et dans d'autres tout-à-fait isolé et constituant un petit monument indépendant; tel est le baptistère de Pise, dont l'aspect est fort remarquable.

Un grand nombre d'églises de campagne de cette époque étaient bâties au milieu des cimetières, qui remplaçaient ainsi les cours.

Plan des églises. Les églises construites dans la période du IVe au XIe siècle, affectent en plan la forme parallélogrammique; nous avons peu d'exemples d'églises rondes ou octogones; toutes présentent à peu près les mêmes types architectoniques ainsi que nous pouvons en juger par ce qui nous est parvenu depuis le VIIe siècle. Les nefs furent presque toujours terminées à l'orient par une abside circulaire (Pl. 1, fig. 1), dont le mur ou tympan, fut rarement percé de fenêtres dans la période du Ve au Xe siècle, ce n'est que dans les siècles suivants que les fenêtres apparurent. Les églises à trois nefs eurent également leurs nefs latérales ou collatéraux terminées à l'orient par des absides circulaires (Pl. 1, fig. 2).

Aux IVe et Ve siècles, une addition importante s'introduisit dans le plan des églises, ce fut l'apparition des transepts ou chalcidiques, c'est-à-dire l'intercallation, entre l'abside et les nefs, d'une nef transversale ou croisée, donnant à l'édifice l'apparence d'une croix. Dans quelques églises à grande nef et collatéraux, les branches transversales de la croix se dessinent à l'extérieur par leur saillie sur les faces desdits collatéraux (Pl. 1, fig. 3) ; dans d'autres, les extrémités du transepts sont dans le prolongement des murs des collatéraux ; la forme crucifère est alors seulement accusée à l'intérieur (Pl. 1, fig. 4 et 5). Dans quelques églises on doubla les rangs de colonnes, de manière à produire cinq nefs au lieu de trois. L'introduction des transepts amena également l'adjonction d'absides correspondantes qui, comme celles des nef centrale et dés collatéraux, reçurent des autels secondaires, tandis que précédemment nos temples, par leurs dispositions et leur rit, n'en comportaient qu'un.

Cryptes. Au commencement du Ve siècle, on ménagea sous le chœur des églises de petites cavités dont la destination était de recevoir les restes ou reliques de saints personnages ; plus tard et jusqu'au XIIe siècle, ces cavités prirent de l'extension au point de se transformer en véritables chapelles souterraines, qui, après s'être étendues sous le chœur, se prolongèrent sous les nefs. Quelques-unes de ces cryptes eurent plusieurs autels et représentèrent comme la miniature de l'église supérieure.

Appareil. L'appareil employé jusqu'au Xe siècle coïncide avec celui employé par les Romains ; c'étaient de petits blocs, tantôt cubiques de 0,10 à 0,12 de côté, tantôt cunéiformes, gangués et liaisonnés par une couche épaisse de ciment. Cette petitesse de l'appareil était commandée à la fois autant par la contexture des matériaux à extraire, leur degré de compacité plus ou moins grande, que par l'absence de chemins ou voies de communication viables, d'un parcours facile, et la mise en œuvre d'engins convenables pour le montage de ces matériaux. L'emploi de la brique fut fort en honneur, on dessinait des frises, cordons, par des assises de briques superposées et alternées ; de cette manière on arrivait à une opposition de nuances, offrant un ensemble satisfaisant et très-recherché.

Pendant les XIe et XIIe siècles, dans les pays où les matériaux de construction affectaient diverses couleurs, on a mis à profit ce caractère pour dessiner sur les surfaces ou parements des murs des compositions et combinaisons géométriques, dont le ton agréable en a fait étendre l'emploi à la construction des arcs, ainsi qu'on en trouve un spécimen dans quelques églises du Poitou et de la Mayenne.

Colonnes et piliers. Les fûts cylindriques de l'architecture romaine furent presque totalement abandonnés, dès la fin du IVe siècle, pour faire place à ces piliers carrés, d'une apparence trapue, ayant pour couronnement une corniche formant la base des voûtes en berceau (Pl. 4, fig. 18). La cathédrale d'Aix-la-Chapelle, bâtie par Charlemagne au VIIIe siècle, offre un spécimen de ce genre de piliers. La colonne antique ne se vit pas tout à fait exclue, le Midi nous en offre quelques exemples, un peu altérés, il est vrai, par l'influence byzantine.

Corniches. L'entablement romain, qui se composait de trois membres, l'architrave, la frise et la corniche, vit, dans la période du moyen-âge, les deux premiers membres supprimés, la corniche seule réservée. Cette dernière, d'un profil très-simple, reposait sur des modillons de formes très-variées,

que l'on vit affecter depuis la forme la plus simple d'un
chevron taillé en biseau ou bec de flûte (Pl. 1, fig. 13),
jusqu'à celles plus compliquées et plus riches représentant
des masques humains, des têtes d'animaux, enroulements,
feuilles, fruits (Pl. 1, fig. 14).

Fenêtres. Les fenêtres, de petites dimensions, consistaient en
deux pieds-droits évasés à l'intérieur, exempts de toute espèce
de moulure, surmontés par une voûte en plein-cintre, dont
l'archivolte offrait à l'extérieur l'assemblage de voussoirs
symétriques, séparés ordinairement les uns des autres par
des zônes de briques, dont la nuance, jointe à la régularité,
contrastaient avec la teinte de la taille (Pl. 1, fig. 20, 24).

Portes. Les portes étaient cintrées comme les fenêtres ; leurs
cintres reposaient généralement sur deux pieds-droits ou dosse-
rets unis, rarement sur des colonnes ; l'archivolte du cintre
était généralement formée de voussoirs en taille alternés avec
des zônes de briques. Cette archivolte était aussi souvent circonscrite et encadrée par un cordon en briques. La hauteur
de la baie ou porte était divisée par un linteau ou couverte
dont la sous-face était arrasée au niveau des naissances du
cintre, le dessus dudit linteau était rempli par un blocage de
petit appareil, cette partie pleine formant le sommet de la
porte, a été appelée tympan ; souvent on y remarquait soit une
croix, soit un autre bas-relief. (Pl. 2, fig. 1 et 2).

Quelquefois les portes n'avaient point de cintres, elles étaient
rectangulaires, formées de deux jambages couronnés par un
linteau ou couverte, le tout de pierre ou de marbre. Les inscriptions, quand il en existait, soit sur le linteau, soit sur
les tailloirs des chapiteaux, soit sur la muraille, indiquaient,
lorsqu'elles étaient en lettres majuscules, une époque antérieure au XI° siècle.

Dans les édifices un peu importants, les portes principales
étaient ouvertes dans le mur à l'ouest ; leur nombre était de
trois ; les murs latéraux au nord et au midi en comportaient

quelquefois aussi, soit l'un ou l'autre, soit les deux à la fois.

En avant de la porte principale on remarquait deux lions en marbre entre lesquels on rendait la justice *inter-leones*.

Porche. Le porche était cet espace libre précédant l'entrée des églises latines, il était réalisé par des colonnes ordinairement de marbre, établies parallèlement au mur de face. Ces supports servaient à recevoir la charpente d'une couverture qui formait ainsi appentis contre le mur de face; sous ce porche et de chaque côté de la porte principale, existaient deux bassins destinés aux purifications extérieures, ce sont ces bassins qui plus tard reçurent de l'eau bénite et furent placés à l'intérieur des temples, de là le nom de bénitiers qui leur fut donné et qu'ils conservèrent depuis.

Arcades. Les arcades, qui établissaient communication entre la nef et les bas-côtés ou collatéraux, étaient en plein-cintre, comme les portes et fenêtres; leur archivolte n'avait d'autre décoration que la régularité des voussoirs de tête entre les joints desquels s'interposaient des zônes en briques. La grande arcade, séparant la nef du chœur, était souvent ornée d'incrustations de mosaïques, de moulures, de sculptures et de peintures symboliques, représentant la mort de Notre-Seigneur Jésus-Christ; cette arcade fut appelée arc triomphal par sa ressemblance à un arc-de-triomphe; ce nom lui fut conservé pendant la première période du moyen-âge, en mémoire du triomphe de Jésus-Christ sur l'Enfer. C'est pour conserver le souvenir de cet acte que, pendant longtemps et encore de nos jours, l'on remarque, fixé à la clef de cette arcade, un crucifix.

Voûtes. A l'exemple des basiliques romaines, les églises romanes n'étaient point voûtées; la plupart du temps, la charpente de la couverture restait apparente; dans le cas où on établissait des plafonds, ils étaient en planches. Tant que le plein-cintre fut la forme d'arc employée, les artistes de l'époque se soucièrent peu d'en étendre l'emploi à l'établisse-

ment des grandes voûtes dont la construction comportait la mise
en pratique de dispositions spéciales pour résoudre le problème d'équilibre et de parfaite stabilité. Ils se contentèrent de
voûter les absides, quelques petites chapelles, ou les bas-
côtés. Les absides sont voûtées de la façon dite en cul-de-four,
elles sont rarement percées de fenêtres; des mosaïques se
détachant sur un fond d'or, à la manière orientale, ornent
leurs voûtes. Ces riches peintures s'étendent quelquefois sur
toutes les parois des basiliques. Les voûtes construites dans
la période qui nous occupe, du Vᵉ au Xᵉ siècle, sont formées,
à l'exemple des constructions romaines, de pierres de petit
appareil, de forme irrégulière, noyées dans le mortier. L'é-
tablissement des voûtes à grande portée ne se montre que
dans les XIIᵉ et XIIIᵉ siècles, époque à laquelle les architectes
sont arrivés, par des combinaisons aussi simples qu'ingé-
nieuses, qui leur font honneur, à résoudre le problème qui
depuis des siècles était soumis à des tâtonnements et des
essais nombreux, et le plus souvent sans résultat satisfaisant.

Tours ou clochers. Les tours ou clochers ne durent apparaître dans les églises qu'à l'époque où l'usage des cloches
fut introduit pour appeler les fidèles au service divin. Les
églises bâties dans les premiers siècles du christianisme, ne
possédant pas de cloches, étaient naturellement privées de
clochers. On fixe au Vᵉ siècle l'apparition des premières
cloches. On rapporte que saint Paulin, évêque de Nôle, fut
le premier qui imagina l'emploi des cloches pour appeler les
fidèles à la prière. Quelques auteurs prétendent que ce ne fut
guère que vers l'an 604 que le pape Sabinien, successeur de
saint Grégoire, prescrivit l'usage des cloches pour annoncer
les saints offices. Anastase, le bibliothécaire, nous apprend,
dans la *Vie du pape Etienne III,* que ce pontife fit élever en
l'an 770, une tour sur l'église Saint-Pierre de Rome et qu'il y
fit placer douze cloches.

Bien que l'usage des cloches ou clochettes fût déjà assez

répandu au **VIII**e siècle, néanmoins leurs petites dimensions n'exigeaient point la construction de tours pour les recevoir : on se contentait de les placer soit dans un renfoncement ou niche, soit dans un petit édicule à jour que l'on appela campanille, soit sur des petits beffrois en charpente que l'on plaçait au-dessus de la façade ou des murs latéraux. Les cloches fondues pendant le **XII**e siècle, bien que comportant déjà des dimensions supérieures à celles du siècle précédent, sont loin d'atteindre la grosseur de celles du **XIII**e siècle, et cependant les clochers bâtis dans le **XII**e siècle présentent des dimensions, en hauteur et largeur, qui peuvent rivaliser avec les clochers du **XIII**e siècle. De là nous pouvons inférer que l'addition des clochers aux églises était autant un accessoire destiné à recevoir les cloches qu'une construction établie comme emblème de puissance et servant à reconnaître l'église au loin. Ce n'est guère que vers le **IX**e siècle que l'on commença à élever des tours ; elles furent peu élevées d'abord, de forme carrée, et couronnées soit par un toit à deux pentes, soit par une pyramide quadrangulaire ou flèche. Dans les siècles suivants, elles acquirent plus d'importance et furent établies sur de plus larges proportions. Les ouvertures percées dans les tours, du **IX**e au **X**e siècle, étaient en plein cintre et sans ornementation ; ces tours furent établies à cette époque sur le portail occidental, dans la partie correspondante et au-dessus du narthex, ou porche d'entrée ; quelquefois on éleva aussi des tours au point central d'intersection des transepts et de la grande nef.

Ornements. Toutes les moulures et ornements sont empruntés aux mosaïques et constructions de l'époque gallo-romaine. On employa pour la décoration intérieure et extérieure de nos monuments des incrustations en pierres de couleur et en terre cuite, des niches et fenêtres simulées, couronnées par des frontons triangulaires. Les parements extérieurs des murs furent décorés par des arcatures aveugles formées d'arceaux continus reposant sur des pilastres, avec ou sans chapiteaux. Ces arceaux furent quelquefois entièrement construits en briques. L'intérieur de nos églises offrait un grand luxe de décorations ; l'abside et le sanctuaire, notamment, avaient leurs murailles plaquées de marbre, couvertes de peintures à fresques, incrustées des plus riches mosaïques.

Ces mosaïques étaient formées de petits cubes en émail opaque de différentes couleurs et souvent dorés. L'ère mérovingienne en vit paraître un grand nombre.

Dans les peintures de cette époque, on vit employé la représentation du bœuf, de l'aigle, de l'ange et du lion, comme symbole des quatre Evangélistes.

Les poissons représentèrent les chrétiens.

Autel et ciboire. Les premiers autels étaient de bois ; les uns affectaient la forme d'un espèce de coffre, pouvant s'ouvrir et se fermer à volonté, et les autres celle d'une table carrée. L'usage des autels en bois se perdit dès le commencement du VIe siècle, on ne consacra plus à l'avenir que des autels en pierre. Ces derniers étaient le plus souvent composés d'une table portée sur un pédicule central et sur des colonnes habituellement au nombre de quatre et quelquefois au nombre de six. Des lames d'or et d'argent, des pierres précieuses en incrustation, des étoffes rehaussées de broderies, constituaient l'ornementation de quelques-uns. Aux quatre angles desdits s'élevaient quatre colonnes servant de support à un entablement en marbre formant dais au-dessus ; cet espèce de petit portique fut appelé *ciborium ;* dans les premiers siècles on le décora à la fois de métaux et de pierres précieuses.

Pavages. Des pavages exécutés pendant la période romane, il ne nous est resté que quelques débris découverts sous les pavages actuels ; le sanctuaire et le chœur étaient pavés avec plus de luxe que la nef, on y remarquait des marqueteries ou parquets de différentes couleurs et un autre genre de mosaïque, l'*opus alexandrinum*, dont un grand nombre d'églises d'Italie nous offrent encore un spécimen. Le pavage des nefs et bas-côtés consistait en un dallage et même en des aires en ciment, analogues à ce que l'on remarque dans les constructions romaines.

Peintures. Les peintures murales, exécutées dans cette période du moyen-âge, du Ve au Xe siècle, ont presqu'entièrement disparu ; les divers sujets traités avaient rapport à notre histoire sacrée.

Lorsqu'il s'agissait de la construction d'une église, les évêques, les abbés étaient les architectes qui présidaient à tous les détails de leur construction ; à cette époque ils étaient qualifiés du titre de maître de l'œuvre ; tout ce qui tenait à la construction en général était de leur ressort. Les établissements religieux renfermaient alors tout ce qu'il y avait d'hommes lettrés dans l'Occident, c'était là le foyer où venaient converger toutes ces intelligences élevées, d'un ordre supérieur qui, dans la solitude du cloître, élaboraient ces superbes conceptions architectoniques, veillaient à la froide et sévère exécution de ces monuments religieux, qui, debout depuis des siècles, sont encore bien conservés, et représentent autant de jalons qui nous retracent l'histoire des temps passés, et nous ravissent d'admiration et de respect pour la génération éteinte. Les écoles fondées par Charlemagne et où l'on enseignait la géométrie, le dessin et la sculpture, servaient de refuge aux intelligences supérieures, vouées sincèrement et librement à l'étude des arts et des sciences au milieu des perturbations de l'époque carlovingienne.

Ce progrès ascendant de l'architecture fut bientôt arrêté dans sa course, et paralysé à la suite des invasions normandes, et des malheurs qui en furent la conséquence ; le génie des architectes parut demeurer stationnaire à la fin du IXe et pendant le Xe siècle. L'art semblait avoir fait un pas rétrograde pour rentrer dans la barbarie, d'où l'avait tiré la main puissante de Charlemagne.

A côté de cet état de choses, une croyance venait malheureusement achever d'abattre les esprits ; il était bien accrédité que l'an mil devait être le signal de la fin du monde ; dès ce moment, la torpeur et le découragement s'emparèrent des esprits, on cessa d'édifier de nouvelles églises et de restaurer les anciennes ; en un mot, cette malheureuse croyance vint le constituer l'antagoniste de tout progrès et amener le corps social à l'état de l'inertie la plus absolue.

Style roman secondaire. — XIe siècle.

L'an mil était enfin arrivé ; notre planète restait soumise à cette loi immuable et divine qui régit les corps planétaires ; le découragement général, cette terreur populaire, avait disparu pour nous offrir l'image d'un horizon diaphane, laissant entrevoir ces rayons vivifiants qui, en pénétrant dans tous les cœurs, et se ramifiant aux divers organes, devaient ramener la vitalité, la force, le courage et la confiance dans les esprits, reconstituer les facultés intellectuelles, et provoquer ainsi une réaction favorable au progrès des lettres et de l'art architectural. Dès ce moment, une activité nouvelle se fit jour, le zèle se manifesta partout avec enthousiasme. La France, l'Allemagne et l'Italie, élevèrent un grand nombre d'églises d'un caractère nouveau ; dans la Normandie, chez ce peuple si féroce avant l'établissement du christianisme, l'architecture obéit au même élan et avec le même succès qu'en France. Lors de la conquête de l'Angleterre par les Normands, ces peuples y apportent le goût de l'architecture qui s'y implante et y fructifie. En un mot, l'élan est général, il s'opère une révolution dans l'art, et cette révolution porte en elle les germes productifs de la belle architecture des siècles suivants, dont nous admirons de nos jours l'élégance, la hardiesse et les heureuses combinaisons des détails.

Comme nous l'avons déjà dit plus haut, ce progrès rapide dans l'art architectonique qu'ouvre le XI° siècle se traduit par l'influence et l'action puissantes des corps religieux qui résumaient alors en eux toute la science architectonique de l'époque.

L'architecture du XI° siècle naît d'une fusion intime entre l'art primitif latin et l'art grec ou byzantin, le composé ou produit de cette fusion, constitue le style qui a été en honneur pendant le XI° siècle. L'art byzantin avait fait son entrée dans l'Occident avant Charlemagne, mais il ne s'y était point implanté, ce n'est que pendant les XI° et XII° siècles qu'il s'est acquis le droit de cité. Dans le midi de la France, le style latin a proclamé son indépendance et est demeuré tel jusque dans le milieu du XI° ou XII° siècle.

Nous allons parcourir ci-après les caractères généraux particuliers au style du XI° siècle.

Plan des églises. Le plan des églises construites pendant le XI° siècle resta à peu près le même que dans le siècle précédent, c'est-à-dire qu'il affecta la forme d'une croix latine terminée à l'orient par une abside semi-circulaire qui formait la tête de la croix, le transepts au croisée formait les bras et la grande nef le pied. La porte d'entrée était ouverte dans le mur à l'occident. Cette orientation eut toujours lieu, même longtemps avant le XI° siècle.

Dans quelques églises de France, les transepts prennent de l'extension, le chœur et la grande nef tendent, suivant le mode byzantin, à déterminer par leur croisement une croix à quatre branches égales, dite croix grecque ; le nombre des églises de ce genre est rare en France, aussi bien que les églises à plan circulaire, bâties sur le type de l'église du Saint-Sépulcre à Jérusalem.

Dans les siècles qui précèdent, nous avons établi, qu'outre l'abside au fond du chœur, les églises romanes possédaient des absides dans les murs au levant et dans ceux aux extrémités des transepts ; dans quelques églises du XI° et notamment celles des bords du Rhin, on remarque une abside dans la face occidentale. Dans quelques grandes églises où existe une abside à l'orient et une à l'occident, on remarque l'adjonction de deux transepts assez rapprochés de chacune de ces absides (Pl. 1, fig. 7).

Sur la fin du XI° siècle, on remarque l'apparition des chapelles rayonnantes et des bas-côtés pourtournant les absides de quelques églises du Poitou et du centre de la France (Pl. 1, fig. 8). Quelquefois les bas-côtés se prolongent à travers les transepts jusqu'à la naissance de la courbe absidale. Dans le XII° siècle et les siècles suivants, l'usage de prolonger les bas-côtés à travers le transepts, pour leur faire pourtourner le chœur, fut tout à fait répandu ; on vit jusqu'à deux rangées de bas-côtés autour du chœur.

Cryptes. La plupart des grandes églises romanes ont souvent été élevées sur des cryptes ; l'usage de la construction de ces chapelles souterraines s'est prolongé durant l'emploi du plein-cintre ; dès l'apparition et l'emploi de l'arc ogive, on a cessé d'en construire. La plupart des cryptes construites pendant les XI° et XII° siècles sont placées sous le chœur ; dans les églises peu importantes, elles affectent en plan la forme rectangulaire ; la voûte ou berceau en plein-cintre repose sur des pieds-droits qui élèvent les naissances à une certaine hauteur du sol (voir la figure n° 49, pl. 2, représentant la crypte de Saint-Arnoult, près Trouville (Calvados) ; dans les églises plus importantes, comportant des cryptes d'une plus grande étendue, la voûte est supportée par des colonnes cylindriques disposées sur deux et quelquefois quatre rangées parallèles ; telles sont les cryptes des églises de Bayeux, de Notre-Dame de Poitiers, de Bordeaux, de Nantes, de Cunault (Maine-et-Loire), de Pierre-Font (Oise).

Les cathédrales de Chartres, de Saint-Eutrope et quelques autres grandes églises romanes de France et d'Italie possèdent des cryptes plus étendues. On descend dans ces chapelles souterraines par des escaliers pratiqués, soit dans les transepts, soit dans la nef à l'entrée du chœur, soit dans les bas-côtés.

Appareil. Pendant le XIe siècle, le petit appareil de 0ᵐ 108 en carré et le moyen appareil de $\frac{0,317}{0,135}$ ont été respectivement employés. Ce dernier, combiné avec le grand appareil, a été adopté de préférence dans le centre de la France, où les matériaux sont abondants.

Les édifices construits en moellons, tels que certaines églises des campagnes, ont quelquefois leurs murs en blocage. Lorsque l'emploi de pierres plates a été affecté aux revêtements, elles ont été rangées sur le côté et inclinées alternativement à droite et à gauche (Pl. 1, fig. 11), *opus spicatum* (maçonnerie en feuilles de fougère ou arêtes de poissons). Une combinaison semblable a été obtenue, mais très-rarement, par la coupe de tailles de moyen appareil. A la même époque, on s'est également occupé d'un appareil formé de pierres hexagones et taillées en formes de losange, que l'on a appliqué à la décoration des murs extérieurs ; tous les joints de ces pierres juxtaposées sont en ciment coloré en rouge de 0ᵐ 012 environ de largeur. Dans le Poitou, la Touraine, on rencontre un appareil formé de pierres arrondies par le haut et carrées par le bas, disposées par zônes parallèles et laissant apercevoir des joints en ciment coloré en rouge. Cet agencement de parties représente des écailles imbriquées dont on a étendu l'emploi au revêtement de certaines tours coniques. La tour de l'église Saint-Front de Périgueux, bâtie dans les premières années du XIe siècle, nous offre un exemple de l'emploi de ce genre d'appareil (Pl. 4, fig. 16).

L'appareil reticulé (*opus reticulatum*), composé de petits

cubes de pierres ou de briques disposées en forme de réseau ou d'échiquier, a été employé aussi au XIe siècle.

Contreforts. Dans ce siècle comme dans les précédents, les contreforts ne s'accusent que timidement ; ils affectent divers aspects : tantôt ce sont de simples pilastres peu saillants, s'élevant du sol sous la corniche et appelés par quelques antiquaires *bandes lombardes.* Ce genre de contrefort se rencontre dans quelques édifices de Provence, de Bourgogne et des bords du Rhin ; autrefois ce sont des chaînes établies de distance en distance, affectant divers ressauts, et venant se terminer contre la muraille, soit par un plan incliné dit bahut ou larmier, souvent orné d'imbrications (Pl. 2, fig. 39), soit par un petit pignon ou fronton (Pl. 2, fig. 42). Ce genre de contreforts affectés à fortifier les angles ont le plus souvent des dimensions un peu plus fortes ; les angles sont quelquefois ornés de colonnes engagées (Pl. 2, fig. 40), qui, dans bien des cas, concourent seules à faire fonction de contreforts en s'élevant du sol jusque sur la corniche (Pl. 2, fig. 41). Quelquefois on voit deux colonnes superposées ; celles à la partie inférieure se trouvent arasées à la hauteur des colonnettes, des croisées et les supérieures viennent aboutir sous le plafond de la corniche de couronnement. Les contreforts consistent quelquefois, dans la partie inférieure, en un pilastre qui revêt dans sa partie supérieure la forme d'une colonne engagée, interrompue en divers cas à une certaine hauteur et se terminant par un cône faisant amortissement.

Ornements. Les ornements de la période romane des XIe et XIIe siècles se trouvent répandus sur les archivoltes des portes et arcades, des croisées, des bandeaux courants, des corniches ; quelquefois, mais rarement, sur les faces des murs, surtout à l'intérieur. Ces ornements très-variés revêtent quelquefois des figures géométriques et d'autres fois ils sont empruntés au règne végétal et animal. Les figures dites géométriques sont ainsi appelées parce qu'elles décrivent des triangles, losanges, carrés, etc. Dans les départements au nord de la Loire, on voit figurer comme détails d'ornementation : les écailles ou imbrications (Pl. 4, fig. 8); les moulures nattées, fig. 8 bis; les torsades, fig. 9; les têtes de clous ou pointes de diamants, fig. 10 bis; les étoiles, fig. 6 et 7; les billettes, les chevrons brisés et zigzags contrariés, fig. 10, 11 et 14; les damiers et têtes plates, fig. 15 et 17. Dans le Berry, le Poitou et la Bourgogne, ce sont les frettes crénelées et zigzags, les moulures nattées et têtes plates, des fleurons et rinceaux perlés, des imbrications et losanges, des guirlandes de feuillages. Dans l'Auvergne, on rencontre une espèce de marqueterie en pierre de couleur, telles sont les dents de loup, les damiers, les fleurs à huit pointes, les échiquiers et losanges.

Arcades aveugles. Dans le XIe siècle on rencontre très-souvent, comme dans la première période de l'architecture romane, les arcades et les colonnes en demi-relief appliquées sur les murs (Pl. 4, fig. 35). Ces arcades à plein-cintre s'entrecroisent quelquefois de manière à dessiner par leur intersection la courbe dite en ogive (Pl. 4, fig. 35 bis).

Modillons et corniches. Les modillons ou corbeaux se rencontrent la plupart du temps sous le plafond des corniches de couronnement; ils se présentent quelquefois sous la forme simple dite en bout de chevrons (Pl. 4, fig. 16); d'autres fois ils affectent des figures hideuses et grimaçantes, des têtes d'animaux, des monstres (Pl. 4, fig. 19); des griffons, des volutes; quelquefois ces corbeaux sont destinés à recevoir la retombée de petites arcatures plein-cintre qui se dessinent, avec peu de saillie, à la partie supérieure des murs de face et de pignon (Pl. 4, fig. 15); ces derniers modillons sont moins anciens que les premiers.

La corniche que supportent ces modillons de formes variées, est tantôt simple, tantôt ornée de dessins divers, tels que des zigzags, billettes, torsades, etc. Cette variété d'ornements, prodigués sur les divers membres des corniches, ajoute à la vigueur des moulures un aspect original et agréable.

Piliers, colonnes. Le XIe siècle nous montre encore souvent ces piliers rectangulaires dont l'usage fut presque exclusif pendant les siècles précédents ; ils sont toujours privés de leurs chapiteaux, qui se trouvent remplacés généralement par un bandeau à moulures ou plinthe. Quelquefois les piliers ont été décorés de cannelures et ont reçu de riches chapiteaux; ce cas se présente dans quelques églises du Bourbonnais, de la Bourgogne et d'une partie de la Suisse. Les piliers carrés le plus souvent reposent immédiatement sur le sol ; quelquefois ils ont un socle peu élevé.

Le commencement du XIe siècle se dessine comme époque remarquable, en ce qu'elle est un acheminement vers le style ogival ; dès cette époque, les piles carrées des siècles précédents se garnissent de colonnes (Pl. 4, fig. 19, 19 bis, 19 ter, 19 quarter) qui se groupent et se multiplient autour ; dès lors, le pilier, de lourd qu'il était, devient plus svelte ; la colonne représente alors autant un accessoire décoratif qu'un point d'appui servant d'auxiliaire au pilier central ; dès ce moment, elle s'élance progressivement et prend diverses positions en rapport avec les fonctions qu'elle est appelée à remplir.

Les fûts des colonnes présentent des formes variées : ils sont fuselés (Pl. 4, fig. 20); renflés, fig. 21 ; en balustre, fig. 22 ; cylindriques, fig. 23 ; coniques, fig. 24 ; ils sont simples, fig. 25 ; croisés, fig. 26 ; entrelacés, fig. 27 ; brasés, fig. 28 ; noués, fig. 29 ; annelés à divers points de leur hauteur, fig. 30. Sous le rapport des ornements à moulures qui les recouvrent, on rencontre des fûts cannelés avec rudentures (Pl. 4, fig. 32), couverts de zigzags et de losanges et appelés pour cela fûts zigzagués et losangés, couverts de feuilles imbriquées, chevronnées, etc. (Pl. 4, fig. 31, 33, 34.)

Aux XIe et XIIe siècles, la colonne est quelquefois suspen-

due à une certaine hauteur au mur contre lequel elle est
adossée et se termine alors, soit par un biseau, soit par une
tête d'homme ou d'animal. En quelques cas, la colonne vient
s'infléchir sur une console en cul-de-lampe décorée de végé-
taux et de têtes d'animaux.

Chapiteaux. Les chapiteaux de la période romane présentent une grande variété dans leur ornementation; on peut les
considérer tous comme composés de deux parties distinctes :
le tailloir et la corbeille. Le tailloir est généralement de forte
proportion, il se compose de moulures antiques; quelquefois
il est lisse et d'autres fois il est rehaussé de palmettes, oves,
méandres, billettes, zigzags, etc. La corbeille, dans sa forme
la plus simple, se compose à sa partie supérieure, sous le
tailloir, soit d'un prisme quadrangulaire se pénétrant avec
un tronc de cône renversé, soit d'un tronc de cône renversé
seulement. Le chapiteau du premier cas (Pl. 3, fig. 15)
a été appelé chapiteau cubique; celui que nous reprodui-
sons à la figure 16, a été appelé chapiteau godronné. Ces
deux genres de chapiteaux se rencontrent dans un grand
nombre d'édifices romans des bords du Rhin et de l'Angleterre. La forme cylindroïde, appliquée à la corbeille, ne se
montre que dans les chapiteaux qui rappellent l'antique et
dont nous rencontrons quelques imitations de la corbeille
corinthienne dans le midi et le centre de la France. La partie
inférieure de la corbeille fut presque toujours raccordée au
chapiteau par un astragale quelquefois seul, quelquefois
accompagné de son filet.

L'ornementation qui vient caractériser les autres chapiteaux
de la période romane représente, dans certains cas, l'image
du chapiteau corinthien dégénéré; on y remarque aux quatre
angles ces feuilles repliées en volute sous le tailloir et qui
introduisent plus tard, dans les siècles suivants, ces belles
feuilles à crochets variés qui ont fait honneur à la décoration
des XIIIe et XIVe siècles. A l'ornementation des chapiteaux

de la période romane viennent se joindre, et quelquefois se substituer entièrement, les figures d'hommes, d'animaux, ces têtes hideuses, grimaçantes, ces compositions originales et fantastiques, empruntées soit aux traditions païennes, soit aux croyances orientales : telles sont les griffons, les sirènes, les centaures, etc. (Pl. 3, fig. 17, 17 bis, 18, 18 bis.)

Sur quelques chapiteaux on trouve représentés, soit des scènes historiques, soit des allégories religieuses, soit enfin des sujets empruntés à l'Ancien et au Nouveau Testament. Toutes les sculptures que reproduisent ces divers sujets sont généralement d'un style grossier, les proportions des parties mal observées ; la nature enfin est mal copiée. (Pl. 3, fig. 18 ter.)

Bases. (Pl. 3, fig. 28, 29, 30, 31). Les bases de la période romane, qui nous occupe, offrent un ensemble de moulures empruntées avec plus ou moins de fidélité à l'architecture romaine ; ce sont les bases des ordres ionique et corrinthien qui ont servi de type à la base romane. Les bases corrinthiennes étaient composées d'une plinthe, de deux tores, séparés par une scotie, d'un listel et d'un congé. Ces deux dernières moulures faisaient partie du fût de la colonne ; l'architecture romane les fit disparaître. Cette modification de la base antique fut probablement provoquée dans le but d'éviter un évidement du fût sur tout son pourtour.

Les bases romanes ne conservent plus la proportion, le module observé dans les bases antiques ; quelquefois les tores sont lisses, d'autres fois ils sont rehaussés de perles, de feuilles d'eau, de torsades, de fleurons ; quelquefois, sur la fin du XIe siècle, les figures d'animaux apparaissaient dans la composition des bases. Dans le commencement du XIe siècle, leurs tores inférieurs sont garnis, dans les parties correspondantes aux angles des plinthes, de petits appendices ou griffes, faisant corps avec elles et leur servant de renfort. Ces griffes affectent soit la forme d'enroulement, de feuilles, de têtes d'animaux, et sont employées dans toutes les provinces françaises jusque vers le milieu du XIIIe siècle.

Dans les contrées où les monuments antiques demeuraient debout, la base romaine résiste et est conservée plus pure que dans les provinces, où ces monuments avaient été détruits.

Ainsi, dans le midi de la France, sur les bords du Rhône et du Rhin, le profil de la base antique a persisté jusqu'à la fin du XIIe siècle; il n'en a pas été de même en Normandie, où, dès le commencement du XIIe siècle, les tailleurs de pierre abandonnaient complètement cette composition de la base romaine. Pendant les siècles suivants, les tores s'aplatissent, le profil des bases se transforme tout à fait de manière à se ranger complètement en dehors des formes particulières à l'architecture romaine.

Piédestaux. Les piédestaux ne consistent généralement qu'en un socle uni portant la plupart du temps un chanfrein sur son arête supérieure; les piédestaux ne sont point, comme dans l'architecture romaine, accompagnés de leur corniche et base; l'architecture romane supprime ces deux membres du piédestal, ne laissant plus subsister que le dé. L'entablement antique, de même que le piédestal, subit aussi une modification sensible apportée par l'architecture romane; deux de ses membres, l'architrave et la frise, sont supprimés, la corniche seule est conservée.

Les piédestaux offrent quelquefois plusieurs ressauts dans leur hauteur.

Arcades. Les arcades, établissant communication entre la grande nef et les bas-côtés, viennent asseoir leurs retombées soit sur des piliers isolés, soit sur des fûts ou grosses colonnes cylindriques, soit sur des piliers mixtes formés d'un noyau central à section rectangulaire ou carrée, flanqué de colonnes engagées.

Les arcades employées pendant la période romane affectent

diverses courbures ou formes d'arcs que nous allons énumérer ci-après, savoir :

L'arc plein-cintre, dont la courbe est une demi-circonférence (Pl. 2, fig. 10).

Le plein-cintre surhaussé, dont la courbure est fermée
d'une demi-circonférence prolongée par des tangentes menées
aux naissances de l'arc, fig. 11 ; cette surélévation de l'arc
plein-cintre fut admise probablement pour combattre cet effet
d'optique résultant à la fois de la saillie des chapiteaux et de
la hauteur à laquelle ils étaient placés. Dans les constructions
exécutées de nos jours, les architectes surhaussent généralement leurs arcades.

Parmi les autres arcs employés dans la période qui nous
occupe, nous citerons : l'arc dit surbaissé, fig. 12, dont le
cintre est moindre qu'une demi-circonférence, le centre est
placé au-dessous des naissances ; l'arc dit en fer-à-cheval fig.
13, dont la courbe surpasse une demi-circonférence, son
centre est placé au-dessus des naissances ; l'arc dit rampant,
fig. 13 bis, formé par un quart de cercle qui se prolonge in-
férieurement par une ligne droite ; cette courbe a été employée
pour servir d'arc doubleau sous les voûtes en demi-berceau
de quelques églises romanes du centre de la France. Ce système d'arcs doubleaux dessine l'origine des arcs-boutants que
nous voyons employés un peu plus tard à l'intérieur de nos
églises.

On rencontre également appliqué aux voûtes de quelques
cryptes, l'arc dit en anse de panier ou en demi-ellipse (Pl. 2,
fig. 22) ; plus tard, aux XVᵉ et XVIᵉ siècles, il a été plus
particulièrement employé.

On trouve aussi fréquemment employée l'arcade dite gémi-
née, formée de deux petites arcades ayant leurs retombées sur
un petit chapiteau central et circonscrit par un arc plein-
cintre (Pl. 1, fig. 22). Souvent au lieu de deux arcades, on
en remarque trois, celle du milieu un peu plus élevée que les

deux autres, fig. 24. Cette disposition est particulière aux galeries ou triforium des églises romanes. Le tympan de la grande arcade est souvent percé, soit par un œil-de-bœuf, dont le contour simple se garnit de contrelobes aux approches du XIIe siècle. Cette production des arcades géminées appartient à l'architecture romane ; elle porte en elle les premiers caractères de l'apparition, dans les siècles suivants, de ces belles fenêtres divisées par des meneaux et couronnées de roses et quatre-feuilles.

Dans un grand nombre d'églises romanes on remarque des irrégularités dans les dimensions de largeur et de hauteur de leurs arcades. La cathédrale de Bayeux nous offre un exemple patent de cette irrégularité.

L'arcade dite trilobée n'a apparu que dans le XIIe siècle.

Tous ces divers arcs ont leurs archivoltes garnis des ornements décrits précédemment. L'arc dit triomphal, séparant le chœur de la nef, reçut notamment un grand luxe d'ornementation.

Voûtes. Pendant les XIe et XIIe siècles, l'art de construire des voûtes un peu étendues était, pour les architectes de ce temps, matière à hésitation et tâtonnements ; beaucoup d'églises de cette époque ne reçurent de voûtes en pierre que pendant les XIIIe, XIVe et XVe siècles. On avisa dès lors à modifier leur poussée latérale en les divisant par compartiments ou travées dans le sens de leur longueur, par le moyen d'arcs dits doubleaux (Pl. 2, fig. 24 et 24 bis) qui les fortifièrent, puis on songea à transformer les poussées latérales en poussées obliques ou diagonales dont l'effet vint se neutraliser sur des piliers ou points d'appui résistants ; pour ce, on eut recours à la voûte dite d'arêtes formée par la pénétration de deux berceaux (Pl. 2, fig. 24 ter) ; les arêtiers résultant de cette pénétration vinrent plus tard, principalement au XIIe siècle, prendre charge sur des arcs diagonaux, s'infléchissant sur des piliers. A l'époque qui nous occupe, la voûte en berceau, avec arcs doubleaux divisant chaque travée, fut généralement appliquée à la grande nef et la voûte d'arête aux bas-côtés.

Au-dessus du chœur, qui supportait ordinairement une tour, on apercevait quelquefois une vaste coupole portée sur quatre pendentifs, à l'exemple des coupoles orientales.

Dans les siècles suivants, la construction des voûtes prit de l'extension; rien n'arrêta plus l'élan des architectes, qui rivalisèrent alors de hardiesse, d'élégance et de stabilité dans ce genre de construction.

Portes. Les portes, dans la période romane, concourent puissamment à la décoration des façades ; au commencement du XIe siècle, elles sont d'abord d'une grande simplicité, n'ayant que peu ou point de moulures ; ce sont quelquefois un ou deux pilastres, une ou deux colonnes qui servent de supports à l'arcade ; mais, vers la fin de ce siècle, les tableaux ou pieds-droits (Pl. 2, fig. 2, 3 et 3 bis) se garnissent de colonnes et pilastres, munis de leurs chapiteaux ; l'archivolte, faisant voussure ou tête de la porte, voit se multiplier et se grouper à sa surface les tores et scoties qui viennent s'infléchir sur les chapiteaux et colonnes desdits pilastres. Les moulures des archivoltes sont rehaussées de tous les ornements en honneur à cette époque, tels que les billettes, zigzags, frettes, chevrons brisés, etc. Cette multiplicité d'ornements vigoureux, jointe au mâle aspect des moulures, donne aux portails romans une physionomie agréable et originale. Quelquefois, à l'approche du XIIe siècle, on rencontre des portes qui sont dépourvues de colonnes et de chapiteaux, auxquels se substitue, du haut en bas, un corps de moulures.

Les tympans de portes de la plupart des églises romanes reçoivent divers motifs ou sujets de sculpture ; quelquefois c'est le patron de la paroisse qu'on y voit représenté; d'autres fois ce sont des figures d'hommes et d'animaux symboliques : la figure de Jésus-Christ entouré des apôtres, le jugement dernier, la nativité, les vierges sages et les vierges folles, le pèsement des âmes et les sept péchés capitaux. La place assignée à la porte principale était toujours au milieu de la face ou portail occidental ; les entrées secondaires étaient pratiquées dans les faces latérales.

Beaucoup de portes de la période romane ont été abritées primitivement par une petite toiture ou auvent, dont on découvre encore la trace sur les murs auxquels elle était adossée.

Fenêtres et roses. Les fenêtres de la période romane sont généralement de moyennes dimensions ; elles sont terminées par un plein-cintre circonscrit par une archivolte, soit simple (Pl. 1, fig. 21 bis), soit à moulures ornées de billettes, zigzags, fig. 21 ter ; elles reposent sur des pilastres ou des colonnettes. Les fenêtres occupant les étages supérieurs sont quelquefois géminées et circonscrites par une arcade en plein-cintre, fig. 22 ; sur la fin du XI⁰ siècle, les fenêtres géminées furent surmontées d'une ouverture circulaire appelée œil-de-bœuf. On rencontre des fenêtres accouplées trois à trois ; celle du milieu plus élevée que les autres et recevant seule la lumière, les deux autres n'étant que simulées. Les fenêtres les mieux décorées sont celles qui sont ouvertes dans la façade, les transepts, ou qui éclairent l'abside. Les ouvertures circulaires, dites en œil-de-bœuf, se montrent déjà, mais en petit nombre, au XI⁰ siècle, avec l'ornementation déployée sur les archivoltes en général. Peu à peu ces ouvertures s'agrandissent, leur contour se découpe de trois ou quatre contrelobes formant un trèfle ou un quatre-feuilles (Pl. 1, fig. 40 et 41) ; cet accessoir décoratif de l'œil-de-bœuf constitue un acheminement vers ces belles roses qui jouèrent un si grand rôle dans la décoration de nos façades d'églises élevées dans les siècles suivants.

Dans les constructions privées de cette époque, les fenêtres présentent la forme rectangulaire, terminée à la partie supérieure par une couverte ou linteau soutenue et soulagée en son milieu par une colonnette (Pl. 4, fig. 26); lorsque la fenêtre présente une plus faible largeur; le linteau repose sur deux consoles ou corbeaux à ses extrémités.

Tours et clochers. Les tours élevées dans les siècles précédents étaient généralement peu élevées; ce n'est que pendant le XI° siècle et les suivants qu'on les vit s'édifier sur de plus amples proportions. La forme de ces tours, pendant la période qui nous occupe, est généralement carrée; elles se composent de plusieurs étages superposés; les étages inférieurs sont presque toujours décorés d'arcatures bouchées dites aveugles, soit au nombre de deux, géminées et circonscrites par une archivolte à plein-cintre, soit au nombre de trois, soit en plus grand nombre; dans les étages supérieurs, ces arcatures sont ouvertes, quelquefois au nombre de deux ayant leur retombée sur une colonne centrale et circonscrite par une arcade à plein-cintre et archivolte ornée de billettes, zigzags, etc.; d'autres fois, au nombre de trois; dans ce dernier cas, il arrive souvent que l'arcade centrale seule est ouverte. Les tours romanes comportent généralement un plus grand nombre d'étages que les tours ogivales; elles sont terminées, soit par une plate-forme, soit par une flèche de bois ou de pierre affectant la forme d'une pyramide quadrangulaire, soit par un toit à double égoût, appelé toit en batière, obtus ou aigu (Pl. 3, fig. 3 bis), se raccordant avec les faces des murs terminés en forme de pignon; quelquefois les quatre murs des tours sont terminés par des frontons ou pignons qui commandent une couverture formée de la pénétration de deux toits en batière (Pl. 3, fig. 3 ter.).

La couverture en batière offre un couronnement peu élégant et fut principalement affectée aux églises des campagnes. On rencontre beaucoup d'églises romanes dont la flèche ou pyramide quadrangulaire a ses arêtes abattues, de façon à se transformer en pyramide à base octogone; l'espace alors laissé libre par les quatre angles est garni de clochetons destinés à produire un raccordement agréable entre la forme carrée et la forme octogonale.

La plupart des tours romanes quadrangulaires ne furent pas, lors de leur construction, recouvertes par des flèches octogones; lorsque l'on rencontre ces genres de couronnement, il y a lieu de penser qu'ils ont été établis à une époque bien postérieure à la construction des tours qui les supportent. Cette observation ne s'applique point aux tours romanes, de forme octogone, dont nous retrouvons quelques spécimens dans les églises du Poitou et des bords du Rhin. La forme octogonale de ces tours dut commander naturellement la forme pyramidale ou conique de la flèche. Dans le Nord, le nombre des tours de forme octogone, appartenant au XIe siècle, est rare ; celles que l'on y rencontre, dans ce genre, ont dû être construites dans le XIIe siècle.

Les tours bâties dans le XIe siècle occupèrent diverses positions ; tantôt on les vit s'élever au-dessus de la croisée de la grande nef et du transept, comme dans l'Auvergne, la Normandie et le centre de la France ; ou au-dessus du portail occidental dont le rez-de-chaussée servait de narthex ou vestibule intérieur ; quelquefois, comme dans quelques provinces méridionales de la France et en Italie notamment, les clochers sont tout-à-fait isolés des églises et constituent un monument à part. Aucune province ne rivalise avec la Normandie pour la hardiesse et les vastes proportions de ses clochers ; le clocher central normand, celui placé à l'intersection des bras de la croix, n'est pas seulement une tour montée au-dessus des voûtes de l'église, et portant sur quatre piliers principaux, mais il contribue à l'effet grandiose du monument à l'intérieur, en formant une magnifique lanterne au-dessus de la croisée, ce qui donne à cette partie du vaisseau un cachet spécial d'originalité et de hardiesse.

Clochetons (Pl. 5, fig. 1). Ce n'est guère qu'au XIe siècle que les clochetons apparaissent; ils affectent presque toujours là forme d'une petite tourelle, soit carrée, soit circulaire, et plus tard ils revêtent la forme octogone. Comme nous l'avons établi plus haut, on les voit cantonner les bases des flèches octogonales, ils servent ainsi d'accessoire d'un utile et heureux effet; comme effet utile, ils fortifient les angles des tours par leur surcharge; comme heureux effet, ils constituent une décoration indispensable qui adoucit le passage de la tour carrée à la forme octogone de son couronnement. Les clochetons furent également placés aux angles des grands murs et des transepts; ils furent d'un emploi peu fréquent pendant la période romane; ce ne fut que dans les siècles suivants que leur emploi se généralisa, en venant ajouter aux édifices un sérieux et élégant motif de décoration.

Sculpture et statuaire. La sculpture, au XIe siècle, commence à s'étaler sur les chapiteaux et sur diverses parties des façades. La statuaire vient s'associer aux divers ornements employés et jeter ainsi un nouveau reflet sur la décoration de nos portails. La figure humaine fut reproduite sous l'inspiration de deux influences, l'une locale, d'origine romaine, qui n'enfanta que des types d'un aspect lourd, disgracieux, aussi dépourvus de noblesse que de beauté, est le résultat du travail d'ouvriers ignorants, inintelligents, abandonnés à leur libre arbitre et travaillant sous l'inspiration de l'art romain dégénéré ou de leur grossier instinct personnel; l'autre, apportée de Constantinople et dite byzantine, se caractérise par la proportion géométrique de ses figures, aux plis comptés et parallèles des draperies; aux vêtements qui sont ordinairement la tunique et le manteau bordés de perles, de galons avec pierres précieuses enchâssées; à l'absence de perspective dans les pieds et genoux, que l'on figure très-ouverts pour éviter la difficulté des raccourcis; aux chaussures quelquefois riches, toujours pointues et obéissant souvent au ressaut du support; aux yeux saillants, fendus et retroussés à leur extrémité extérieure, aux sourcils arqués et enfin au détail minutieux des cheveux. La statuaire du XIe siècle s'est tout-à-fait mise en dehors des proportions du corps humain, les personnages sont très-allongés et présentent une raideur qui dénote l'absence de tout mouvement ; les figures accusent généralement une expression douce et religieuse portant l'empreinte de la foi, une beauté souvent exquise ; cela, joint à la finesse du travail, aux plissages serrés et parallèles, à la fidélité et au consciencieux des moindres détails, nous confirme dans la foi qui animait les artistes voués si religieusement à l'exécution de leur œuvre. Nous ferons remarquer qu'alors, et dans les siècles suivants, le clergé et les religieux cultivaient sérieusement les arts et venaient chaque jour enrichir notre architecture du produit de leur génie artistique.

A cette époque, on s'appliqua à reproduire la ressemblance individuelle ou portraits sur les tombeaux ; le moulage, alors en pratique, offrit un procédé facile et expéditif, un puissant auxiliaire pour l'exécution de ce genre de travail.

Peinture monumentale. Au XIe siècle, on couvrit souvent les murs de peintures, se détachant sur un fond d'or ; ce cas se présente surtout dans les chapiteaux, les bas-reliefs, les fûts de colonnes où se dessinent divers ornements.

A cette époque, la peinture sur verre prodiguait ses ressources par la décoration de ces belles verrières, dont la beauté, que nous admirons encore de nos jours, devait trancher avantageusement sur les mosaïques de la période primordiale.

En terminant l'historique de l'architecture du XIe siècle, nous ne passerons point sous silence la cause qui lui imprima ce mouvement de perfectionnement et de progrès, dans un moment où la société, mal assise, menaçait, au commencement du Xe siècle, de s'écrouler et de s'éteindre dans la barbarie. Cette cause, nous la voyons prendre sa source dans l'établissement religieux ou abbaye de Cluny. Ce monastère, fondé au Xe siècle, possédait alors dans son sein tout ce qu'il y avait d'hommes lettrés et profonds dans les arts et les sciences ; on en vit sortir, pendant plus d'un siècle, ces corporations de savants, qui vinrent répandre et propager leurs lumières, dans presque toute l'Europe occidentale, en y fondant des établissements secondaires, dont l'heureuse influence contribua puissamment à reconstituer la société ébranlée et à faire revivre notre architecture, qui se para dès lors de nouveaux habits plus riches et plus variés.

Style roman tertiaire ou de transition. — XIIᵉ siècle.

Au XIIᵉ siècle, tout reluit d'un jour nouveau, les arts et les sciences reçoivent une nouvelle impulsion, les écoles spéciales qui se fondent rivalisent de zèle avec les établissements religieux, au sein desquels naissent et se développent ces intelligences supérieures vouées avec cette foi vive, cette investigation soutenue et persistante au développement de notre architecture et de la civilisation. Le XIIᵉ siècle peut être considéré comme une époque de progrès, de perfectionnement dans les sciences et les arts.

Les fréquents voyages et les pèlerinages à Jérusalem, les Croisades, vinrent enrichir notre architecture des trésors précieux de l'Orient, le style byzantin s'implanta définitivement chez nous, avec tous ses accessoires de décoration ; on songea alors à compléter certains détails d'églises bâties au XIᵉ siècle et ce, en les enrichissant des ornements et moulures du goût byzantin ; les matériaux n'étaient souvent mis en place que pour être sculptés plus tard.

L'architecture romane des Xᵉ et XIᵉ siècles subit une transformation ; de lourde et massive qu'elle était, elle devient plus élancée, ses diverses parties sont mieux proportionnées et

d'un fini mieux soigné, on vise aux grands effets perspectifs ;
les massifs, en général, sont réduits, les arcades s'agrandissent,
les fenêtres s'élargissent et se subdivisent en compartiments.
Cette profusion de bandeaux, cordons, corniches, frises, qui
faisaient abus de la ligne horizontale, s'amincissent et disparaissent de plus en plus pour faire place aux grandes lignes
perpendiculaires, dont le caractère général se traduit par
l'élancement ; c'est à partir de la fin du XI⁰ et jusqu'à la fin
du XII⁰ que l'ogive à été employée dans les diverses parties
des édifices ; l'apparition de cette courbe vint alors apporter
des modifications sensibles dans les caractères généraux et
particuliers de nos édifices ; ces caractères, nous allons les
reproduire ci-après :

Plan. Dans le siècle précédent, il était déjà, mais rarement, d'usage de prolonger les bas-côtés à travers les transepts, en leur faisant faire le tour du chœur ou en les arrêtant
à la naissance de la courbe absidale ; il en était de même de
l'adoption des chapelles rayonnantes établies dans le pourtour
de l'abside ; au XII⁰ siècle, cet usage prit plus d'extension et
tendit à se généraliser ; le chœur, à cette époque, devint plus
long qu'il ne l'avait été précédemment.

Inflexion du grand axe. Dans un grand nombre d'églises
de l'époque, on remarque une légère déviation au nord-
est de l'axe, dans la partie correspondante au transept ;
certains auteurs aperçoivent dans cette déviation une idée
symbolique représentant l'inclinaison de la tête du Christ
mourant sur la croix ; quelquefois l'inflexion apparaît dans le
corps de la nef, ce que l'on explique par la position un peu
infléchie du Christ sur la croix ; d'autres auteurs voient, dans
l'inflexion du grand axe, le résultat d'erreurs commises dans
le piquetage ; cela s'expliquerait assez bien, lorsque l'on ré-
fléchit que la plupart de nos cathédrales n'ont point été élevées
d'un seul jet, que c'était seulement au bout de un ou deux
siècles que l'on complétait les travaux qui avaient été com-

mencés ; à cela joint les difficultés, résultant de l'agglomération autour de ces édifices, de ces petites constructions qui pouvaient bien constituer autant de causes d'erreurs dans les opérations de piquetage et raccordement.

Cryptes. La construction des cryptes a fini avec la période romane ; si quelques églises ogivales en possèdent, elles ont été construites sous l'empire de l'architecture romane.

Appareil. L'appareil employé au XII° siècle fut à peu près le même qu'au XI° ; on fit également usage de la brique dans les décorations, mais plus rarement qu'auparavant.

Contreforts. Comme nous l'avons établi précédemment, les églises construites pendant le XII° siècle s'élèvent sur de plus larges proportions que par le passé ; les contreforts ayant à équilibrer des voûtes d'une plus grande portée et d'une plus grande élévation, sont établis sur un plus grand module ; ils deviennent plus saillants, plus ornés, et leurs formes plus variées. Pour leur donner de la grâce, sans nuire au but qu'ils sont appelés à remplir, ils présentent dans leur hauteur diverses retraites qui réduisent insensiblement leur saillie sur le nu des murs (Pl. 2, fig. 42, 43).

Vers la fin du XII° siècle apparaît l'arc-boutant, qui, en s'associant au contrefort, devient une partie intégrante et indispensable de nos édifices, favorise leur développement et assure aux architectes une garantie de la stabilité de leurs constructions. A son début, l'arc-boutant est lourd, mais, dans les siècles suivants, il acquiert une légèreté qui étonne, sans nuire pour cela au but qui a motivé son emploi.

Pilastres, piliers, colonnes. Les pilastres diffèrent peu de ceux du siècle précédent. Les colonnes engagées se multiplient de plus en plus autour de ces piliers, elles deviennent plus sveltes et constituent, par leur agroupement, de véritables faisceaux (Pl. 4, fig. 19, 19 bis, 19 ter, 19 quat.).

Fûts. Dans ce siècle, les fûts acquièrent plus d'élégance que dans le siècle précédent ; ils furent ornés d'entrelacs, d'enroulements, de zigzags, de galons, d'imbrications, de rinceaux, de perles, de fleurs ou de feuilles, disposées verticalement ou en spirale (Pl. 4, fig. 31, 32, 33, 34).

Ces fûts présentent quelquefois, dans leur hauteur, des anneaux saillants ou bracelets, relevés d'épaisseur dans la pierre, et qui ont été introduits autant pour la décoration que comme moyen de déguiser les joints des pierres. Ces colonnes, accompagnées d'anneaux de distance en distance, reçurent la dénomination de colonnes annelées (Pl. 4, fig. 30).

Chapiteaux (Pl. 3, fig. 19, 19 bis, 20, 20 bis, 21). Les chapiteaux du XIIᵉ siècle se distinguent de ceux du XIᵉ par un plus grand fini, une délicatesse et un meilleur choix et plus varié d'ornementation. Quelques chapiteaux, placés à une certaine hauteur, présentent, vus de près, un fini et une vigueur qui étonnent. Presque tous les chapiteaux de cette époque sont taillés dans un seul bloc ; la délicatesse ou le fini plus ou moins grand de leur sculpture dépend en partie de la nature et de la contexture des matériaux employés ; ainsi, les matériaux durs, de nature siliceuse, ne pouvaient comporter de fins détails, tandis que les matériaux tendres, de nature calcaire, facilement attaquables à l'outil, se distinguaient par la petitesse des détails et leur fini consciencieux d'exécution. Tant que le chapiteau conserva sa destination de support, il fut surmonté d'un tailloir vigoureux, souvent orné d'entrelacs et autres ornements ; quant à la corbeille, elle conserva la forme de celle du chapiteau corinthien, ornée de feuilles contournées, rehaussée de perles, de galons avec enroulements et enlacements gracieux, empruntés à l'architecture byzantine. Quelquefois les chapiteaux du XIIᵉ siècle sont garnis de feuilles recourbées, dites en crochets (Pl. 3, fig. 20 bis), et offrent ainsi un souvenir plutôt qu'une imitation de la corbeille antique. L'emploi de feuilles d'eau découpées caractérise la deuxième moitié du XIIᵉ siècle. Outre les chapiteaux feuillus que nous venons d'énumérer, le XII° siècle, à l'exemple des siècles précédents, fit entrer la figure humaine et les figures d'animaux (Pl. 5, fig. 21) dans la décoration de ses chapiteaux ; ces figures y sont traitées avec beaucoup de vigueur et de vraisemblable. Quelques-uns représentent des scènes de l'Ancien-Testament, par exemple : la bénédiction de Jacob, la mort d'Absalon ; des paraboles : le mauvais riche, l'enfant prodigue ; des légendes : celle de Caïn, tué par son frère ; enfin, des scènes de la vie privée. On vit aussi sur la fin du XII°, à l'époque de transition, certains chapiteaux se décorer de la représentation de temples, villes, forteresses, que l'on a qualifiés de Jérusalem céleste. Ce genre de décorations du chapiteau se perdit avec les chapiteaux historiés, sous le règne ogival.

Bases. Au XII° siècle et même jusqu'au XIII° on retrouve le profil de la base antique dans quelques édifices des bords du Rhin, du Rhône et de la Saône ; en d'autres pays, sous l'influence d'établissements religieux tels que Cluny, nous voyons la base s'affranchir de tous les détails particuliers à la base romaine, pour adopter des profils nouveaux et s'enrichir d'ornements variés, chaleureusement tracés. Un caractère particulier aux bases du XII° siècle, c'est cet aplatissement du tore (Pl. 5, fig. 32) sur la plinthe, aplatissement qui tend à renforcer à la fois et le tore et la plinthe ; indépendamment de ce renfort, nous voyons au XII° siècle, comme nous l'avons vu au XI°, l'emploi plus fréquent des griffes ou enroulements s'épatant sur le tore et venant se rattacher aux quatre angles de la plinthe (Pl. 5, fig. 32). Les tores furent souvent recouverts de feuilles et autres ornements.

Piédestaux. Les piédestaux des colonnes, au lieu de reposer sur un seul socle, comme dans le siècle précédent, reposent au XII° siècle sur plusieurs socles superposés et disposés en retraite les uns sur les autres.

Arcades. Le plein-cintre, qui fut la courbe affectée aux

arcades des siècles précédents, est encore employé pendant le XIIe siècle, et ce n'est qu'à la fin qu'il se trouve détrôné par la courbe dite à ogives. Dans les églises du XIIe siècle on rencontre des arcades à courbe plein-cintre et à ogive ; ces genres d'arcades sont quelquefois alternés ; on remarque dans leur largeur et leur courbure les irrégularités que nous avons reconnues et signalées dans les siècles précédents ; les arcades à plein-cintre étaient ornées de moulures, avec plus de soin et de recherche qu'au XIe siècle, et quand l'arc ogive se substitue à l'arc plein-cintre, il se revêt des mêmes ornements.

Les archivoltes des arcades offrent sur leurs arêtes un boudin inscrit dans l'épannelage carré des claveaux (Pl. 2, fig. 30).

Voûtes. Le système de construction des voûtes, déjà bien compris au XIe siècle, reçut au XIIe de notables perfectionnements. Ce fut seulement à partir de cette époque que la voûte prit une allure franche, décidée, et que l'on fit entrer la question de stabilité en sérieuse considération. Le siècle précédent nous offrit l'exemple de voûtes d'arêtes, formées de la pénétration de deux berceaux ; à la fin du XIIe siècle, l'introduction de la courbe ogivale substitua aux berceaux engendrés par le plein-cintre ceux engendrés par l'ogive.

Au commencement du XIIe siècle, les arcs doubleaux servant d'assiette et de renfort aux voûtes se composent d'un ou de deux rangs de claveaux, le plus souvent sans moulures ni ornements (Pl. 2, fig. 30) ; quelquefois ces arcs doubleaux présentent en coupe la forme demi-circulaire (Pl. 2, fig. 28) ; quelquefois ils sont chanfreinés sur leurs arêtes (Pl. 2, fig. 27) ; en d'autres cas, comme à la Cathédrale de Paris, ils portent des tores avec gorges sur les arêtes. Les arcs ou croisillons d'ogive sont moulurés de la même manière, mais ils affectent des dimensions plus faibles. Les arcs dits formerets (Pl. 2, fig. 24 et 24 ter) sont engagés dans le parement des murs et se profilent comme une moitié d'arc ogive ou d'arc doubleau ; ils servent à recevoir la portée des remplissages des voûtes.

L'introduction de la courbe ogivale dans l'établissement des voûtes offrit aux constructeurs de cette époque d'immenses ressources : d'abord, au point de vue de l'élancement et de la légèreté, elle mit hors de concours le plein-cintre, en permettant l'établissement des voûtes à une plus grande hauteur ; ensuite, la propriété de cette courbe d'exercer une poussée bien moins grande que le plein-cintre, fit étendre son emploi avec beaucoup de succès à l'établissement de ces grandes voûtes d'une légèreté et d'une stabilité éprouvées par plusieurs siècles.

Fenêtres. Les fenêtres du XIIe siècle diffèrent peu de celles du XIe ; tantôt elles sont à courbe plein-cintre, tantôt à courbe ogive ; le plus grand nombre présentent la réunion de ces deux courbes. Une ornementation mieux soignée les fait distinguer des fenêtres du XIe siècle. Leur archivolte est presque toujours à moulures et présente quelquefois l'adjonction de deux boudins reposant sur des colonnettes faisant tête de pied-droit (Pl. 1, fig. 27, 28). Dans le XIIe siècle comme dans le XIe, on rencontre des arcades dites géminées, soit deux ogives circonscrites par un plein-cintre (fig. 29), soit deux plein-cintres circonscrits par une ogive et surmontés d'un œil-de-bœuf, d'un trèfle ou d'un quatre-feuilles (fig. 30). Les divisions et subdivisions par des meneaux que l'on observe dans les fenêtres géminées des siècles suivants dénotent un mode de décoration émanant en principe de l'architecture romane.

Roses. L'œil-de-bœuf, que nous voyons apparaître au XIe siècle avec beaucoup de simplicité, s'agrandit et s'orne peu à peu. Vers la fin du XIIe siècle, il a déjà acquis une proportion convenable ; alors il se divise par des meneaux ou rayons allant du centre à la circonférence (Voir Pl. 1, fig. 42). Ces ouvertures ou roses furent alors placées au-dessus du portail d'entrée, aux extrémités des transepts et quelquefois au centre de l'abside. La ressemblance de ces rosaces avec une roue leur a fait donner ce dernier nom et quelquefois celui de roues de sainte Catherine.

Portes. Les portes ne diffèrent pas essentiellement de celles du XIe siècle ; leurs archivoltes sont souvent dépourvues de chapiteaux et prolongées ainsi sans interruption jusqu'à terre. Leurs tableaux s'augmentent de l'addition de colonnettes ou tores qui, en se reproduisant dans les archivoltes, donnent à la voussure de ces derniers une plus grande largeur, et par cela même un aspect plus mâle et mieux accusé. Comme au XIe siècle, les portes latérales étaient ouvertes sur la nef et sur le chœur, mais au XIIIe siècle, on les rencontre presque toujours placées à l'extrémité des transepts. La porte qui, dans le siècle précédent, servait de foyer à l'ornementation, vit, au XIIIe siècle, son ouverture divisée par un trumeau vertical décoré de la statue de la Vierge ou de celle du saint. Les portails, à cette époque, étalèrent un grand luxe d'ornementation. L'ogive apparaît quelquefois dans les portes pendant le XIIe siècle (Pl. 2, fig. 4).

Tours ou clochers. Les tours bâties dans le XIIe siècle diffèrent peu de celles du XIe. En conséquence, nous renvoyons nos lecteurs aux détails que nous avons décrits précédemment. Ce fut au XIIe siècle que s'établit l'usage de flanquer de deux tours les portails des églises un peu importantes.

Clochetons. Les clochetons, qui avaient fait leur apparition au XIe siècle, se montrèrent plus nombreux au XIIe ; on les vit le plus communément figurer aux angles supérieurs des façades ou à la base des pyramides qui couronnent les tours ; ce fut pendant la période ogivale qu'ils jouèrent leur principal rôle dans la décoration extérieure.

Sculpture et statuaire. La fin du XIe siècle fut le signal d'une amélioration dans la sculpture des édifices romans ; le XIIe vint compléter cette œuvre, les ornements divers affectés à la décoration des édifices pendant ce siècle comporteat un choix de dessins, une vigueur et un fini d'exécution jusque-là inusités. Partout où l'on rencontre la reproduction de la figure humaine dans les bas-reliefs du XII° siècle, on la voit dépouillée de ce bizarre, de ce grossier, de ce cachet barbare qui caractérise la statuaire de la période romane jusqu'à la fin du XI° siècle. Les archivoltes, les voussures de portes se couvrent de personnages en bas-relief d'une expression uniforme qui indique qu'ils ont été reproduits d'après des types arrêtés. La statuaire vient encore au XII° siècle, et même dès la fin du XI°, ajouter un nouveau charme à la physionomie de nos portails en les enrichissant de statues représentant des rois, des reines, des évêques, des bienfaiteurs de l'Eglise, des personnages de l'Ancien et du Nouveau-Testament, les prophètes surtout. Sur les tympans des portes et quelquefois au milieu des frontons on vit aussi souvent figurer diverses compositions religieuses très-variées : tantôt c'est la représentation de Dieu, entouré de divers attributs ; tantôt Jésus-Christ est assis sur son trône, vêtu d'une longue tunique rehaussée de broderies, la main droite élevée dans la position bénissante ; autour de lui sont les symboles des quatre Evangélistes : saint Marc (le lion), saint Mathieu (l'ange), saint Jean (l'aigle), et saint Luc (le bœuf). D'autres fois le Christ est représenté dans la même attitude ayant à ses côtés deux anges, tantôt debout et tenant en main des encensoirs ; tantôt à genoux, dans l'attitude de la prière. Sur les linteaux des portes on voit aussi représentés les apôtres et les prophètes. Les archivoltes qui encadrent les tympans reçoivent quelquefois dans leurs voussures la représentation des vieillards de l'Apocalypse, ayant une couronne sur la tête et portant des instruments de musique et des vases de parfums. Quelquefois on y remarque aussi les vierges sages et les vierges folles.

Parmi les bas-reliefs du XII° que l'on rencontre fréquemment représentés, on remarque :

La Naissance de Jésus-Christ ;

La Visite des Bergers ;

La Présentation de Jésus-Christ au Temple ;

La Fuite en Egypte ;

L'Adoration des Mages ;

Le Massacre des Innocents ;

Les principaux miracles de Jésus-Christ ;

L'Annonciation ;

La Visitation ;

L'archange saint Michel procédant au pèsement des âmes ;

Le Jugement dernier.

On voit aussi sculptés dans les voussures des portes les signes du zodiaque accompagnés de la représentation des travaux agricoles, aux différents mois de l'année.

Quelques façades d'églises romanes sont surmontées de la statue du Christ bénissant, la tête entourée du nimbe crucifère ; une main sortant des nuages, et entourée également d'un nimbe crucifère, figure Dieu le Père.

La représentation du Christ en croix n'apparaît jamais guère avant le XIII° siècle.

Comme nous l'avons déjà exposé précédemment, la statuaire du XII° comme celle du XI° siècle, se fait remarquer par la forme allongée hors de toute proportion des personnages, la raideur et l'absence de mouvement dans l'attitude et les traits du visage. Néanmoins il faut leur reconnaître une physionomie calme et grave, une expression de foi qui accuse leur origine byzantine.

Ces statues sont souvent surmontées de dais affectant la forme de petits édicules désignés sous le nom de Jérusalem céleste. La période du XII° siècle se fait remarquer par une grande quantité de compositions originales et fantastiques, que les artistes de cette époque, abandonnés à leur libre arbitre, ont reproduites, avec une grande vanité, sur diverses parties de nos édifices.

Peinture monumentale. Comme nous l'avons établi ci-dessus, la sculpture du XIe à la fin du XIIe siècle avait suivi une marche ascendante, la peinture ne resta pas en arrière et prit aussi le devant. A l'exemple de la Grèce, le moyen-âge fit usage de la peinture dite polychrôme, appliquée à la sculpture. Cette peinture fut ainsi désignée à cause de la variété de ses tons. L'adoption de ce genre de peinture à la sculpture avait pour but de donner à cette dernière plus de vigueur, de ressemblance avec la nature. On vit bientôt les figures de bas-relief se détacher sur des fonds d'une couleur différente. Aux XIe et XIIe siècles principalement, ce genre de peinture fut fort en honneur, et il n'est pas rare de trouver parmi les figures de cette époque des personnages dont les vêtements ont été peints et quelquefois dorés. Des colonnes furent coloriées en rouge, des chapiteaux en vert, et des voûtes en bleu-de-ciel. De grands tableaux furent peints sur les pans des murailles. L'opération du regrattage pour l'enlèvement des couches épaisses et successives du badigeon étendu sans distinction ni discernement sur les murs des basiliques des XIe et XIIe siècles, nous fait apercevoir, encore aujourd'hui, les traces quelquefois très-apparentes de ces vastes compositions de peinture retraçant toute une histoire et que le vandalisme de nos ancêtres n'est point parvenu à faire tout-à-fait disparaître. La peinture, dite à fresque, fut aussi cultivée et fit des progrès.

Verrières ou vitraux. La peinture sur verre prit dans le XIIe siècle un notable développement. Les panneaux supérieurs des verrières présentent tantôt la forme plein-cintre, tantôt celle en ogive. Le panneau, dans sa hauteur, offre l'assemblage de médaillons ou cartouches, tantôt circulaires, elliptiques, à trois ou quatre lobes; ils sont disposés en sautoir et retracent soit des compositions empruntées à l'Ancien et au Nouveau-Testament, soit des légendes chrétiennes; ils se détachent sur un fond de mosaïque réticulé, fond bleu et baguettes rouges, rarement fond rouge et baguettes bleues. Le panneau général est circonscrit par une frise ou bordure représentant des entrelacs, rinceaux exécutés dans le goût byzantin.

Les verrières du XIIe siècle sont formées de l'assemblage de pièces de verre de couleur, de faible dimension, réunies par des lames de plomb obéissant aux divers détails ordonnés par les contours et les diverses nuances de peinture; l'ensemble de la verrière est fortifié par une armature en fer. Lorsque la verrière, véritable mosaïque, se trouvait ainsi exécutée et cela conformément aux cartons établis à l'avance, on complétait par la configuration des contours, au moyen d'un simple trait de pinceau, on marquait les ombres, on figurait les plis des draperies, on modelait les chairs par des adoucis, en donnant du relief aux divers ornements, puis on soumettait le verre à une première cuisson, puis à une seconde, à seule fin d'obtenir une plus grande fixité des couleurs appliquées. Cette seconde cuisson déterminait dans les tablettes ou mosaïques de verre de légères ondulations et un faible dépoli d'une face, qui vinrent concourir à donner à nos verrières des teintes d'un effet plus harmonieux.

La peinture sur verre, de cette époque, n'employa guère que les couleurs primitives.

Style ogival primaire. — XIIIe siècle.

Vers la deuxième moitié du XIIe siècle, nous voyons le plein-cintre et l'arc en tiers-point employés concurremment à la décoration de nos édifices.

Cette architecture mixte, formée ainsi de l'alliance de l'ogive avec notre architecture romane, reçut par les antiquaires la qualification d'architecture romane de transition ou plus simplement roman de transition : elle a généralement été en honneur jusqu'au commencement du XIII° siècle ; dans quelques provinces, telles que le midi de la France, les bords du Rhin, la Lorraine, le Lyonnais et quelques autres contrées, elle a persisté jusqu'à la fin du XIII° siècle.

Lorsque l'arc en tiers-point, au commencement du XIII° siècle, détrône le plein-cintre pour se mettre à sa place, on aperçoit déjà un changement dans la physionomie de l'architecture ; mais ce changement ne s'opère point brusquement, nos édifices conservent encore pendant la première moitié de ce siècle un aspect lourd, caractère propre au style du plein-cintre ; dans la deuxième moitié, l'architecture à ogive proclame nettement son indépendance, elle exclue de son domaine tous les ornements particuliers à l'architecture romane et s'associe des ornements nouveaux.

C'est alors que l'on voit s'élever en divers points de la France ces belles Cathédrales dont la majesté, au premier abord, nous prête au recueillement, en élevant notre âme vers Dieu ; nous ravit d'admiration et d'étonnement, lorsque nous jetons un coup d'œil sur leur ensemble, d'un caractère éminemment religieux ; lorsque nous considérons les heureuses et franches conceptions de leurs détails, leur fine et sévère exécution ; la hardiesse, la témérité même de ces voûtes légères couvrant ces immenses vaisseaux tout ajourés ; de ces tours aériennes qui semblent vouloir atteindre le ciel et une foule d'autres détails dont nous allons faire mention ci-après.

Forme des églises. Au XIII° siècle, le chœur s'allongea plus encore qu'il ne l'avait fait pendant les siècles précédents ; les nefs acquirent de l'extension, les collatéraux du chœur se prolongèrent autour du sanctuaire, sur un ou deux rangs, et furent toujours garnis de chapelles (Pl. 1, fig. 4) ; ce qui n'eut pas toujours lieu dans les siècles précédents. Les Cathédrales de Paris, de Chartres, offrent l'exemple de bas-côtés doubles pourtournant le sanctuaire. Quelquefois la chapelle correspondante à l'axe de la grande nef reçut plus d'extension que les autres ; elle fut alors consacrée à la Vierge (Pl. 1, fig. 5). Cet usage, qui prit naissance au XIII° siècle, ne fut généralement adopté que dans le siècle suivant. L'usage de garnir les bas-côtés des nefs de chapelles ne se montre que vers le XIV° siècle ; cependant nous ferons remarquer que dans les XIV° et XV° siècles on ajouta de ces chapelles à des églises d'un âge antérieur. Il ne faut donc pas nous étonner si nous trouvons dans quelques édifices du XIII° siècle cette addition de chapelles ; elle ne justifie ni plus ni moins qu'une substruction ; elle ne peut et ne doit nous faire juger, comme propriété du XIII°, ce qui, comme nous l'avons dit plus haut, est l'œuvre des XIV° et XV° siècles.

Au XIII° siècle, comme dans les précédents, on rencontre dans les campagnes des églises terminées à l'orient par un mur droit, percé de deux ou trois fenêtres, et quelquefois le plus souvent ces églises sont dépourvues de nefs latérales, et celles-ci, lorsqu'elles existent, se terminent également par un mur droit des deux côtés du sanctuaire.

Un autre caractère du XIII° siècle, ce furent les absides à pans coupés ; on vit aussi des absides triangulaires ; mais cette dernière forme ne se reproduisit point plus tard.

Appareil. On cessa d'employer le petit appareil carré, on fit usage d'un appareil plus grand et moins régulier. Dans les églises des campagnes on mit moins de recherches dans le choix de l'appareil, qui fut petit et irrégulier, formé de moellons bruts ébauchés au marteau et recouverts d'un enduit. On abandonna les dispositions en arêtes de poisson et en échiquier que les Romains appelaient *opus spicatum* et *opus reticulatum*.

Contreforts, arcs-boutants. Le grand développement donné aux vaisseaux et par conséquent aux voûtes des églises du XIII° siècle, conduit les architectes à faire emploi de dispositions spéciales, d'accessoires simples et ingénieux qui viennent proclamer hautement la solution du problème d'équilibre et de stabilité dans ces grandes constructions. Ces accessoires simples et ingénieux, qui étaient encore dans l'enfance dans les siècles précédents, constituent les contreforts et arcs-boutants. Les contreforts avaient déjà acquis une certaine importance dans le courant du XII° siècle, mais au XIII°, ils sentent plus que jamais la nécessité de grandir ; ils s'associent à l'arc-boutant (Pl. 2, fig. 44 et 45) pour former un seul tout dont une des parties n'a plus de raison d'être sans l'autre ; bientôt on voit ces contreforts s'élever au-dessus des murs des ailes avec leurs divers détails de moulures et d'ornementation, couronnés de clochetons tantôt carrés, tantôt octogones ; souvent, au lieu de clochetons, on les vit surmontés d'un toit à double égoût. Ces contreforts, ressemblant ainsi à de petites tours (Pl. 2, fig. 45), vinrent servir de butée à ces arcs en pierre qui sont autant d'étais ou de triangles qui viennent agir contre les murs des grandes nefs au point de la poussée mathématique des voûtes. On voit quelquefois plusieurs étages d'arcs-boutants et jusqu'à trois superposés les uns au-dessus des autres avec une hardiesse et une apparence un peu téméraires ; au fur et à mesure qu'on avance, ces arcs-boutants s'évident et rivalisent de légèreté. Nous donnons à la planche 2, fig. 44, 45 et 45 bis, des spécimens d'arcs-boutants qui ont été employés pendant le XIII° siècle. On a mis à profit l'existence de ces arcs-boutants et leur proximité de l'égoût du grand comble pour les creuser par un chenal dans leur face supérieure et les faire servir à la conduite des eaux pluviales du grand comble qui étaient ensuite rejetées au dehors par des conduits saillants que l'on a appelés gargouilles.

La fonction de l'arc-boutant a toujours été définie comme moyen de donner du raide, d'étrésillonner en quelque sorte les murs des grandes nefs recevant la poussée des voûtes et non comme point d'appui recevant la charge des murs et autres parties; partant de là, on a dû l'établir dans les conditions suivant lesquelles on établirait un étai en charpente, c'est-à-dire que son extrémité supérieure est venue se juxtaposer contre le mur-face, en exerçant un effort de pression par l'effet de son propre poids.

Dans la construction d'édifices très-importants, on a à tort encastré et incorporé dans les murs l'extrémité supérieure de l'arc-boutant; ce vice de construction est venu provoquer, par suite de tassements opérés dans les murs et contreforts, des dislocations et déformations dans la courbure de l'arc-boutant, qui lui ont fait perdre en partie l'objet de sa destination. Les fig. 47 et 48, pl. 2, font voir ces déformations respectives.

Colonnes, piliers. Dans le siècle précédent, nous avons vu la colonne s'associer déjà au pilier, en s'y engageant; dans le siècle qui nous occupe, cet usage prend de l'extension; on voit généralement les piliers se tapisser de colonnettes, tantôt engagées, tantôt isolées; les colonnettes engagées se détachent de manière que les trois-quarts de leur fût cylindrique restent visibles (Pl. 4, fig. 40). Cet agroupement de colonnettes, variant de grosseur, constitue des faisceaux dont le nord de la France nous offre des exemples variés (Pl. 5, fig. 6). Déjà, aux XI° et XII° siècles, on disposait dans cette région des colonnes en faisceaux. Ces piliers centrals, tapissés ainsi de colonnes, ont reçu la dénomination de piliers cantonnés ou fasciculés. Le XIII° nous offre un emploi plus fréquent des colonnes dites annelées, qui s'étaient déjà montrées dans le siècle précédent. Les colonnes torses, dont le fût est conduit en spirale, sont une production du XIII° siècle (Cathédrale de Chartres). La longueur des colonnes résulte de la hauteur de l'édifice où elles sont placées ; quelquefois ces faisceaux s'élancent d'un seul jet jusqu'à la naissance des voûtes, recevant la retombée des arceaux de ces dernières; d'autres fois ils se subdivisent en plusieurs ordres superposés, les bases d'un ordre supérieur portant sur les chapiteaux de l'ordre inférieur. Dans beaucoup d'églises le premier ordre est formé de grosses colonnes cylindriques, dont les chapiteaux servent d'assiette à des faisceaux de colonnettes qui tapissent les parties supérieures (Pl. 5, fig. 5). A mesure que les colonnes se groupent en faisceaux, leur diamètre diminue de plus en plus, leur apparence devient grêle, et lorsqu'on les examine de la base au sommet, on est tout étonné de leur grand élancement comparé à leur faible diamètre.

Chapiteaux (Pl. 5, fig. 21 bis, 22, 23). Au XIII° siècle, les chapiteaux se débarrassent des divers caractères propres à l'architecture romane des siècles précédents, pour adopter des formes et une décoration nouvelle. Les chapiteaux historiés des siècles précédents sont exclus pour faire place à une décoration végétale qui donne tant de relief et d'importance à l'architecture de ce siècle. L'abaque ou tailloir du chapiteau du XIII° siècle est généralement très-accentué, il affecte la forme cubique jusque vers la fin du XIII° siècle; à cette époque et au commencement du XIV°, il revêt la forme octogone. Les chapiteaux des colonnettes sont généralement formés de quatre crochets recourbés sous le tailloir; dans les chapiteaux d'une plus grande dimension on remarque quelquefois deux rangs de feuilles superposées et souvent variées, les crochets sont affectés à la partie supérieure, et des feuilles plates et variées tapissent les parties inférieures. Les feuilles qui ont été le plus fréquemment employées sont celles de lierre, de vigne-vierge, de vigne cultivée, de nénuphar, de chêne, de fraisier, de persil, de roseau ; elles sont plaquées sur le chapiteau et souvent elles n'y sont attachées que par leur pédicule.

Bases. La plinthe carrée, adjacente au gros tore, continue à être employée au commencement de ce siècle avec son acces-soire indispensable, la griffe ; on vit quelquefois l'angle de cette plinthe abattu et la longueur de la griffe un peu restreinte. Cette modification s'appliqua d'abord aux grosses colonnes. Les moulures des bases subirent un changement important : le tore inférieur s'aplatit et se développa de plus en plus, com-parativement au tore supérieur ; la scotie intermédiaire fut alors creusée de manière à tomber aplomb du fût des colonnes, et à former ainsi, au pied de ce support, un canal où l'eau aurait pu séjourner. En même temps que le tore inférieur prenait ainsi plus de développement, le tore supérieur, pour lui donner plus d'importance, modifiait légèrement son pro-fil, en lui donnant plus de finesse. Vers le milieu du XIIIe siècle, à l'époque où la griffe commence à disparaître, les architectes, pour éviter le découvert des angles des plinthes, commencent par faire déborder le tore aplati sur les bases desdites plinthes (Pl. 3, fig. 36). Cette disposition vient encore comporter des inconvénients résultant à la fois : du peu de résistance offert par cette partie de tore en saillie, dont l'aspect, en regardant de bas en haut, représentait un porte-à-faux désagréable et choquant ; de cette nudité des angles de la plinthe restant à découvert comme par le passé. Que firent alors les architectes du XIIIe siècle pour parer à ces deux inconvénients ? Ils ménagèrent un petit appendice ou support sous la saillie du tore, puis ils entaillèrent les angles, ainsi que l'indique la fig. 36, pl. 3.

Une autre modification vint encore s'ajouter à ces dernières : vers la fin du XIIIe siècle, les angles des plinthes carrées furent abattus de façon à obtenir la base octogonale qui, ainsi que nous le verrons, fut en honneur dans les siècles suivants.

Les piédestaux servant de support aux bases des colonnes furent généralement très-simples, tantôt de forme carrée, tantôt de forme octogonale. Ils furent le plus souvent composés de deux parties séparées par un chanfrein. Quelquefois cependant ils furent accompagnés de moulures.

Arcades. Les arcades établissant communication entre la nef et les collatéraux sont formées de la réunion de deux arcs de cercle représentant, par leur assemblage, les deux côtés d'un triangle curviligne ; elles reposent par leurs extrémités ou naissances sur des pilastres flanqués de colonnes accouplées et ne sont jamais, comme les arcades des portes, garnies de figures en bas-relief. Le genre de courbure généralement employée est l'arc ogive dit en lancette (Pl. 2, fig. 14), dont les centres sont placés en dehors et au même niveau que la ligne des naissances. On fit aussi usage, au XIIIe siècle, de l'arc dit équilatéral (Pl. 2, fig. 17), dont les centres sont placés aux naissances de l'arcade. Cette dénomination d'arc a été adoptée parce que si on joint son sommet avec ses naissances on obtient un triangle dont les trois côtés sont égaux. Cette dernière forme d'arc a été employée principalement pendant le XIVe siècle. Le XIIIe siècle nous offre l'exemple d'arcs à ogive surélevés présentant un léger rétrécissement près de la ligne des impostes ou chapiteaux (Pl. 2, fig. 19) ; cette disposition, employée par les architectes du XIIIe siècle, donne aux arcades de cette époque un élancement, une hardiesse qui viennent servir de complément aux belles productions de cette période. Les moulures des arcades sont, comme dans le siècle précédent, formées de tores séparés par des gorges ou scoties. Seulement, vers le milieu du XIIIe siècle, le tore central subit une légère modification ; il s'allonge de manière à présenter la forme d'un cœur à arête mousse (Pl. 2, fig. 51 bis) qui lui a fait donner le nom de tore cordiforme.

Voûtes. Les voûtes construites pendant la période du XIIIe siècle se font remarquer par une grande hardiesse et des combinaisons simples et heureuses ; comme dans le siècle précédent, elles sont en arêtes formées de la pénétration de berceaux : celui longitudinal reçoit la pénétration de ceux transversaux correspondant aux fenêtres ; ce mode de pénétration de berceaux, à section ogivale, détermine une série de compartiments que l'on a appelés travée. Comme nous l'avons fait remarquer plus loin, à l'occasion du XII⁰ siècle, la substitution de la voûte d'arête à celle en berceau nous offre, indépendamment d'un aspect plus hardi et plus imposant, les garanties de forces mieux combinées et mieux réparties. La solidité des voûtes vient commander, comme dans le siècle précédent, l'adjonction d'arceaux, nerfs ou nervures qui, en tapissant leurs parois et leurs arêtes, nous offrent l'image d'un heureux concours d'élégance et de solidité. Que trouvons-nous en effet de plus imposant que cette vue perspective de nos grandes nefs, où vient se peindre un réseau complet d'arceaux et de nervures ?

Les moulures des divers arcs employés sont, comme au XII⁰ siècle, composées de tores réunis par des scoties ; les arcs doubleaux comportent quelquefois jusqu'à trois rangs concentriques et indépendants de voussoirs (Pl. 2, fig. 50) ; les arcs formerets, que nous avons vus dans le siècle précédent engagés dans l'épaisseur des murs, traversent complétement leur parpaing, vers le milieu du XIII⁰ siècle, de manière à former un arc de décharge au-dessus des archivoltes des fenêtres (Pl. 2, fig. 24 quater).

Vers la seconde moitié du XIII⁰ siècle, le tore central adopte la section cordiforme telle que nous l'avons décrite plus haut en parlant des arcades entre la nef et les bas-côtés (Voir la pl. 2, fig. 51 bis).

Tous les divers arcs, qui forment ainsi le rudiment constitutif des voûtes, viennent s'infléchir par leur réunion et leur pénétration sur les chapiteaux des piliers ; les croisillons d'ogives sont raidis et rendus solidaires par l'existence d'un bloc appelé clef, dont la fonction est de coussiner et de serrer les croisillons à leur point de rencontre pour accomplir ainsi la fermeture des voûtes. La sous-face des clefs est souvent ornée de fleurons, de violettes ou de fleurs crucifères disposées en guirlandes. Presque toutes les voûtes ont été construites en petites pierres liées avec beaucoup de mortier ; on en rencontre qui ne présentent qu'une épaisseur moyenne de 0^m15 à 0^m18.

Fenêtres. Le caractère des fenêtres du XIIIe siècle d'être étroites et élancées leur a fait donner, par quelques antiquaires, la dénomination de fenêtres en lancettes, à cause de leur ressemblance avec un fer de lance. Les proportions des lancettes varient ; on en voit de très-longues et de très-courtes dans les monuments de la même époque ; mais, en thèse générale, leur caractère est toujours l'élancement. On en voit qui sont dépouillées d'ornement, d'autres qui ont pour couronnement un simple cordon garni de dents de scie ou d'un léger zigzag (Pl. 1, fig. 30 bis) ; mais le plus ordinairement, leurs voussures sont ornées de tores retombant sur les chapiteaux des colonnettes ; quelquefois on rencontre deux tores séparés par une gorge peu profonde. Dans les petites églises telles que celles des campagnes, les lancettes se rencontrent presque toujours isolées ; mais dans les églises plus importantes, on les voit, à l'exemple de l'usage suivi dans les églises romanes, s'accoupler deux à deux et s'inscrire dans une ogive ; l'intervalle alors libre entre les deux ogives accouplées et l'ogive enveloppante a été percé pour être décoré, soit d'un trèfle, soit d'un quatre-feuilles ou d'une rosace (Pl. 1, fig. 31). Du temps de saint Louis, les fenêtres, dans les grands édifices, se divisent par trois meneaux, qui s'arrêtent à la hauteur des naissances de l'arcade, pour se raccorder avec des tores ou boudins dominant des contours en ogive, où s'inscrivent des rosaces à quatre-feuilles (Pl. 1, fig. 32). Dans les façades, on plaçait quelquefois trois lancettes dont une, celle du milieu, était plus élevée que les deux autres (Pl. 1, fig. 33). Cette disposition se rencontre également dans les chevets des églises dépourvues d'absides et qui se terminent par un mur droit ; toutefois, ces lancettes sont plus rapprochées.

Roses. Les roses, au XIII° siècle, occupèrent les mêmes emplacements que dans le siècle précédent, savoir : aux extrémités des transepts, au-dessus de la porte principale et de l'abside ; elles conservèrent la forme d'une rose, qu'elles avaient dans la deuxième moitié du XII° siècle, ou offrirent des compartiments en forme d'ogives trilobées, ou bien des rosaces, des quatre-feuilles encadrés (Pl. 1, fig. 45). Dans les siècles suivants, les compartiments admirent plus de complications.

Portes. Dans les édifices où l'on voulait se tenir dans les limites d'une sobre ornementation, les voussures des portes consistaient dans la réunion de tores qui venaient asseoir leur retombée sur des colonnettes dépourvues de statues. Quelquefois, dans ce siècle comme dans les suivants, les colonnettes sont disposées sur deux rangs ; les plus grandes sont en avant et les plus petites tapissent les murailles et sont couronnées par des arcatures. L'Angleterre et la Normandie nous offrent de fréquents exemples de ce genre de portail, qui se montre également au XIV° siècle. Les portes furent généralement couronnées par des frontons aigus qui restèrent unis jusqu'aux approches du XIV° siècle (Pl. 2, fig. 5) ; ce n'est qu'à cette époque qu'ils commencèrent à se couvrir de découpures affectant des dessins variés (Pl. 2, fig. 6). Comme à la fin du XII° siècle, on vit au XIII° des statues accolées aux colonnes des portails, les voussures de portes garnies de statuettes et le tympan décoré de bas-reliefs.

Les façades des grandes églises comportaient ordinairement trois portes ouvertes dans la face occidentale et correspondantes aux trois nefs, et deux autres latérales pratiquées dans les faces au nord et au midi des murs des tours flanquant le portail. A partir du XI° siècle, on était dans l'usage d'ouvrir des portes latérales donnant sur la nef et le chœur ; au XIII°

siècle, on pratiqua ces ouvertures dans les extrémités des transepts.

Porches. Quelques portails sont précédés d'un porche plus ou moins saillant ; cette construction, dans les églises peu importantes, était en charpente. On était dans l'usage de placer sous le porche des fontaines et des bassins, où les fidèles se lavaient les mains et le visage. On y voit encore de petits bénitiers.

Galeries-triforium. Dans les édifices d'une certaine importance, on remarque à l'intérieur, entre les arcades des nefs et l'étage des croisées ou clerestory, une galerie obscure, très-étroite, ouverte sur la nef par une série de petites arcatures. Cette galerie fut appelée par quelques antiquaires triforium (Pl. 5, fig. 5, 6). Dans quelques grandes églises on voit deux triforium superposés avec arcatures variées. Les arcatures du premier consistent quelquefois, dans chaque travée, en deux lancettes géminées reposant sur de petites colonnettes, avec ogive enveloppante ; dans le second, elles affectent quelquefois la réunion de trois arcatures trilobées, munies de leurs colonnettes. Dans quelques églises d'une élévation médiocre, les fenêtres pénètrent et s'encadrent dans la galerie du triforium (Pl. 5, fig. 7) au lieu de former un étage séparé. Les arcatures correspondantes à chaque travée sont quelquefois accouplées quatre à quatre.

Balustrades. Vers la fin du XIIe siècle, les balustrades avaient déjà signalé leur apparition dans nos églises, mais ce ne fut qu'au XIIIe siècle qu'on les vit se multiplier et servir ainsi de complément de décoration à nos édifices ; ces balustrades furent toujours de pierre ; elles apparurent presque toujours soit sous la forme d'arcs ogives simples, ou trilobés supportés par de petites colonnettes (Pl. 5, fig. 8 et 9), soit également sous celle de trèfles ou quatre-feuilles (Fig. 11), toujours couronnés par une main courante en pierre. Les balustrades devinrent un accessoire ordinaire et motivé des corniches couronnant les collatéraux et le grand comble; par leur agencement sur les corniches, elles permirent une circulation rassurée et à l'abri de tout danger à la base des combles. A l'intérieur, les balustrades furent placées au-dessus de la corniche qui couronne les arcades de la grande nef.

Tours et clochers. (Pl. 5, fig. 5.) En traitant la construction des tours aux XIe et XIIe siècles, nous avons fait remarquer l'importance déjà acquise par cette partie intégrante de l'édifice, en raison de sa grande hauteur. A l'époque qui nous occupe, les tours virent encore leur hauteur s'augmenter ; leurs faces furent quelquefois, comme dans les siècles précédents, percées de deux étages de croisées, mais le plus généralement on n'en vit qu'un. Les ouvertures ou croisées étaient en lancettes, soit isolées, soit géminées, deux à deux, ou trois à trois. Quelquefois on vit la tour conserver sa forme carrée jusqu'à la plate-forme ; d'autres fois on la vit revêtir la forme octogone à partir de la base où commence l'étage des croisées. A l'exemple des siècles précédents, les plate-formes furent couronnées par des flèches octogones, le plus souvent en pierre et ornées d'imbrications ; quand la plate-forme affecte la forme carrée, les faces triangulaires laissées libres sont occupées par des clochetons. Beaucoup de tours se terminaient par une plate-forme ou un toit au point où la flèche devait s'élever. La plupart de nos grandes églises du XIIIe siècle ont leur portail occidental et les extrémités des transepts flanqués respectivement de deux tours. On vit aussi dans un grand nombre d'églises de France et notamment dans la Normandie, persister les clochers centraux élevés sur la croisée, à l'intersection de la grande nef et des transepts. Quelques grandes églises admirent même un plus grand nombre de clochers.

Clochetons. Les clochetons se multiplient ; ils affectent la forme de petites tours ajourées couronnées par une pyramide quadrangulaire ou octogonale.

Ornementation. La période du XIIIe siècle s'ouvre par l'emploi d'un genre d'ornementation tout différent de celui employé dans les siècles précédents ; ainsi aux palmettes, feuilles grasses perlées, aux galons plus ou moins riches et empruntés à la flore ou à la décoration orientale, on voit se substituer une ornementation empruntée à la flore indigène, que nos artistes du XIII° siècle ont reproduite avec une élégance, une naïveté, et un fini d'exécution qui leur fait honneur. La nature, cependant, ne fut pas toujours fidèlement imitée ; on vit les chapiteaux, les frises et autres parties se couvrir de feuilles de chêne, de vigne, de fraisier, de nénuphar, d'iris (Pl. 3, fig. 21 bis, 22, 23). A la décoration végétale indigène, vinrent encore se joindre divers détails d'ornementation dont quelques-uns revêtent des formes empruntées aux combinaisons géométriques. Ce sont :

Les trèfles formés de trois lobes, tantôt arrondis, tantôt aigus, ou lancéolés (Pl. 3, fig. 9, 10) ;

Les quatre-feuilles, qui ne diffèrent des trèfles que par l'addition d'un lobe (Pl. 3, fig. 11).

Les violettes. On donne ce nom à plusieurs fleurons de formes différentes, sculptés en relief (Pl. 4, fig. 2 bis).

Les violettes apparurent généralement sur les archivoltes, les pieds-droits des portes et des fenêtres, et très-souvent aux clefs des arceaux des voûtes.

Les fleurons réunissent les pétales épanouies autour d'un centre ou bouton en saillie (Pl. 4, fig. 1).

Les rosaces. Les rosaces ont des dimensions un peu plus grandes que les fleurons, elles présentent peu de saillie, leur centre est orné de ciselures délicates et variées, elles apparaissent souvent aux clefs des voûtes (Pl. 4, fig. 2). On fit aussi usage de feuilles entablées (Pl. 4, fig. 3). qui furent disposées en bordures sur les tailloirs et entablements.

Divers ornements, tels que les zigzags, les têtes plates ou saillantes, les étoiles, les billettes, etc., employés dans le siècle précédent, ne furent point tout à fait abandonnés. Au nord de la Loire, notamment, on les maintint jusqu'au XIII° siècle. Le fini d'exécution de ces ornements les fait facilement distinguer de ceux particuliers à la période romane. Les dents de scie, qui avaient commencé à apparaître au XI° siècle, ont été reproduites avec beaucoup de facilité au XIII°.

Arcatures. Au XIII° siècle, l'emploi des arcatures devient plus fréquent que dans les siècles précédents ; toutes les parties ou pans de murs qui présentent, en raison de leur étendue, quelque nudité, reçoivent une décoration d'arcatures à compartiments de plus en plus variés. Dans les églises un peu importantes, le soubassement ou partie de murs sous les fenêtres des bas-côtés, est décoré d'arcatures.

Crochets ou crosses. C'est à la fin du XII° siècle qu'apparaissent les premiers crochets. Au XIII° siècle, ils se montrent sur les angles des pyramides, le long des frontons, sur la corbeille des chapiteaux et dans quelques autres parties des édifices, surtout à l'extérieur. Ils affectent généralement la forme d'une tige galbée (Pl. 4, fig. 41) terminée à son extrémité, recourbée vers la terre, par un fleuron ou feuille roulée en spirale, par une tête d'homme ou d'animal. On vit quelquefois ces fleurons se détacher et sortir de gorges pratiquées dans nos voussures de portes; cette forme, adoptée pour les crochets employés au XIII° siècle, se modifie sensiblement dans les siècles suivants, ainsi que nous l'examinerons.

Pinacles. Les pinacles consistent en de petites pyramides couvertes de bouquets de feuilles qui leur donnent beaucoup de ressemblance avec les clochetons, mais dont ils se distinguent du reste facilement ; leur emploi ne fut pas fréquent au XIII° ; ce ne fut qu'au XIV° qu'on les vit s'étaler en diverses parties des façades et notamment au-dessus des dais ; ils constituent ainsi la décoration la plus caractéristique de l'époque ogivale.

Dais. Ce sont des couronnements en saillie qui surmontent immédiatement des niches destinées à recevoir des statues; au XIII° siècle, leur ornementation consiste en la représentation de petits édifices flanqués de tours et auxquels on a donné le nom de Jérusalem céleste (Pl. 4, fig. 4 bis); comme complément d'ornementation on vit paraître les zigzags, les têtes plates, les billettes appartenant à la période romane, mais alors ces détails ont un fini d'exécution et une délicatesse qui ne permettent plus de les confondre avec ceux des siècles précédents.

Statuaires, bas-reliefs. Les figures en bas-relief, rares encore au XII° siècle, se sont multipliées et ont acquis au XIII° un perfectionnement qui leur confère ce cachet qui les fait encore admirer avec amour, lorsque l'on considère le fini de leurs détails et le grandiose de leur ensemble. La statuaire fit de grands progrès dès la fin du XII° siècle ; dès cette époque et pendant le XIII°, on ne vit plus apparaître ces statues d'un aspect grêle et disproportionné, empreintes d'une raideur, d'une gêne dénotant l'absence de tout mouvement ; mais, à partir du milieu du XIII°, leur pose fut plus naturelle, elles acquirent de la souplesse et du mouvement ; l'habitude du moulage, récemment introduite, vint offrir à nos artistes un sujet nouveau d'études, qui leur fit rompre complètement avec les conventions admises par le passé, pour adopter franchement le type indigène, que l'on vit alors régner exclusivement dans les productions de cette époque. Dès lors les artistes rivalisèrent de zèle et d'habileté, pour parer nos portails d'églises de leurs compositions artistiques ; la statuaire fut adoptée sur une plus vaste échelle ; on ne se contenta plus, comme on l'avait fait dans les siècles précédents, de placer des statues sur les parois latérales des portes ; elles occupèrent des niches pratiquées sur le sommet des contreforts, et les diverses arcatures formant galeries à la partie supérieure de nos façades. Les figures de cette époque présentent un caractère de douceur, une expression de foi vive et de ferveur religieuse qui servent à les caractériser. Les draperies sont jetées avec une hardiesse et un naturel qui plaît, et nous révèle déjà un talent bien avancé chez les artistes de cette époque. Généralement les personnages sont sculptés dans un bloc monolithe, mais lorsque le relief est un peu fort, on trouve souvent les bras et la tête qui sont rapportés et fixés au moyen de crampons en fer. Comme dans le siècle précédent, les bas-reliefs représentent des scènes de l'Ancien et du Nouveau-Testament, mais avec une plus grande complication de travail.

Peinture monumentale. La peinture polychrôme, déjà employée précédemment, continua d'être en honneur pendant le XIIIᵉ siècle ; elle produisit de vastes et magnifiques compositions rehaussant les parties principales de nos édifices, que le vandalisme des temps modernes, sans respect pour les travaux de nos ancêtres, recouvrit d'un épais badigeon laissant encore aujourd'hui découvrir des vestiges reconnaissables, de ces splendides décorations.

Verrières ou vitraux. Au XIIIᵉ siècle, la peinture sur verre resplendit d'un éclat nouveau dû aux importantes améliorations apportées par le goût prononcé des artistes pour ce bel art ; on continua à employer, comme au XIIᵉ siècle, les mosaïques de verre aux vives couleurs, enchâssées dans des lames en plomb fortifiées par des armatures en fer ; on vit se détacher, sur ces fonds en mosaïque, des médaillons de forme circulaire, elliptiques, des quadrilobes où étaient représentées diverses compositions religieuses. On vit souvent figurer ce genre de vitraux aux fenêtres des bas-côtés et de l'abside. Dans les panneaux des fenêtres de la maîtresse nef, on voit figurer assis, sans indication de raccourci, des personnages de proportions ordinaires ou colossales tels que : des saints, des patriarches, des prophètes, qui remplissent les panneaux aux dépens des fonds en mosaïque. Tous ces personnages ont une attitude grave, il y a quelque chose de raide dans leur ensemble, et leurs draperies à plis serrés rappellent le goût byzantin. La tête de ces personnages est souvent couronnée par un espèce de trèfle et à leurs pieds on voit figurer une banderolle portant l'indication de leur nom.

La peinture sur verre, au **XIIIe** siècle, offre comme type de personnages, le même agencement ou mode de représentation employé par la sculpture de cette époque.

Toutes les verrières sont encadrées par des bordures variées offrant un assemblage de feuilles recourbées en crochet, des entrelacs, etc.

On vit aussi au **XIIIe** siècle des vitraux en grisaille, c'est-à-dire dont le fond blanc était couvert de dessins et d'entrelacs noirs ou gris. Ces verrières, moins chères que les verrières à personnages, produisaient un effet agréable à l'intérieur des églises.

<hr>

Style ogival secondaire ou rayonnant. — XIVe siècle.

La première période du **XIVe** siècle ne nous offre pas une grande différence avec l'architecture du siècle précédent ; on y découvre les caractères d'une ornementation qui tend à l'enrichir, autant par la délicatesse et la multiplicité de ses détails, que par la légèreté presque féerique qu'ils acquièrent. Au **XIIIe** siècle, notre architecture avait à peu près acquis tous les éléments de décoration et d'ensemble que pouvaient élaborer et le génie de nos artistes et les essais et tâtonnements souvent infructueux des siècles précédents. Notre architecture était alors arrivée à l'apogée de sa grandeur ; on put, de l'intérieur de ces grands vaisseaux, admirer ces heureuses dispositions d'ensemble, ces combinaisons si naturelles et si simples, cet agencement et cette décoration qui reflètent à la fois et le génie des artistes, la simplicité et la sévérité des formes, la richesse des détails et la majesté des masses.

L'époque du **XIVe** siècle, arrivée avec son esprit novateur, introduisit dans notre architecture du **XIIIe** certains détails qui contribuent à l'enrichir ; à ce point de vue, on peut considérer ce siècle comme une époque de perfectionnement et de progrès ; mais la multiplicité de ces détails, jointe à d'importantes modifications, exige l'emploi d'éléments dont l'abus doit amener infailliblement une décadence rapide. Déjà, sur la fin du XIVe siècle, on a peine à reconnaître la basilique antique dont le plan se trouve sensiblement modifié, ainsi que nous le verrons par l'addition de chapelles le long des bas-côtés ; on n'aperçoit plus, comme dans le siècle précédent, cet accord parfait entre le système horizontal et le style perpendiculaire ; ces belles lignes horizontales à moulures vigoureuses disparaissent pour faire place à ces grandes lignes verticales d'un aspect sec, s'étiolant encore plus sous la profusion de détails.

Un grand nombre d'églises, commencées dans le XIIIe siècle, ne furent achevées que pendant le XIVe, ce qui explique les différences de styles que l'on constate dans un grand nombre d'édifices religieux.

Plan. Dans le siècle précédent, nous avons vu la basilique antique subir des modifications importantes consistant entr'autres dans l'allongement du chœur et l'adjonction de chapelles à son pourtour, dans l'extension donnée à celle dédiée à la Vierge, et enfin, comme modification plus importante mais encore timide, l'addition de chapelles aux nefs latérales. Le XIVe siècle signale son apparition par la consécration de ces modifications ; l'addition de chapelles aux nefs latérales, dans toute leur étendue, est désormais adoptée dans les constructions importantes de l'époque ; dans les églises d'un âge antérieur qui n'en comportent pas, on en ajoute en sous-œuvre ; la chapelle terminale, dédiée à la Vierge, conserve plus d'extension que les autres et affecte, comme toutes les autres chapelles accolées au chevet, la forme polygonale. Jetons un coup-d'œil sur les causes qui ont pu concourir à modifier ainsi le plan de la basilique antique.

Nous avons démontré dans le siècle précédent l'importance

acquise par les contreforts du moment où l'élargissement des nefs et l'établissement des voûtes à grande portée, vinrent commander un système de buttées ordonnées par les lois d'équilibre et de stabilité ; nous avons vu également les fenêtres s'élargir extraordinairement et mettre ainsi presque à jour les murs des nefs. Ces deux dispositions eurent pour conséquence l'établissement de contreforts très-saillants qui durent probablement servir d'idée-mère pour l'établissement de chapelles, utilisant ainsi le terrain disponible entre lesdits contreforts ; la réalisation de cette idée était simple parce qu'elle n'exigeait que la construction d'un mur au nord et au midi, percé d'une croisée, et puis l'ouverture d'une arcade de communication dans le mur du collatéral. Si, à côté de cet état de choses, on veut bien prendre en considération l'abandon fait, dès l'approche de l'ogive, de ces églises souterraines appelées cryptes, on pourra dès lors se rendre compte des modifications apportées au plan de la basilique antique pour l'établissement de chapelles adjacentes aux bas-côtés.

Inflexion du grand axe. La même inflexion du grand axe que nous avons signalée dans le XIIIe siècle se reproduit encore quelquefois dans le XIVe et même dans le siècle suivant.

Contreforts, arcs-boutants. Les contreforts et arcs-boutants offrent peu de différence avec ceux du XIIIe siècle ; seulement, au lieu de couronnements réalisés par de petites tourelles ou clochetons, ils reçoivent des aiguilles pleines garnies de crochets, portées sur des bases tantôt carrées, tantôt octogones et quelquefois triangulaires. Ces bases sont surmontées au point de leur raccordement avec l'obélisque de frontons garnis de crochets (Pl. 2, fig. 45 bis). Ces clochetons, couronnant le sommet des contreforts, tout en concourant habilement à la décoration et à l'élancement, exercent par leur poids sur leur sommet, une compression qui tend à affermir ces contreforts, en augmentant leur résistance contre la poussée des voûtes et des arcs-boutants. Le grand développement donné pendant le XIVe siècle aux fenêtres du clerestory, qui ne furent alors séparées que par des trumeaux de faible largeur, le peu de résistance offert à la poussée des grandes voûtes par ces murs ainsi ajourés, obligea les constructeurs de cette époque à recourir à l'emploi d'un plus grand nombre d'arcs-boutants, venant fortifier, en les contrebuttant, les parties intermédiaires des pleins entre les croisées. Comme dans le siècle précédent, on vit se superposer jusqu'à trois étages d'arcs-boutants (Pl. 2, fig. 46).

Colonnes. La disposition des colonnes est la même dans le XIVe siècle que dans le XIIIe; celles qui sont groupées autour d'un pilier central se multiplient et deviennent plus ténues; plus tard, elles sont accompagnées d'une légère saillie ou filet se raccordant avec la colonnette par des congés (Pl. 4, fig. 40 bis). Déjà cet abandon de la forme cylindrique des colonnettes fait pressentir d'autres modifications plus importantes, qui doivent infailliblement oblitérer, d'une manière complète, notre belle architecture des XIIIe et XIVe siècles.

Chapiteaux. Les chapiteaux de la première moitié du XIVe diffèrent peu de ceux du XIIIe; on y trouve encore, comme dans ces derniers, ces beaux crochets qui leur confèrent tant d'accentuation et de richesse. Peu à peu, ces crochets s'épanouissent pour faire place à des feuillages de diverse nature qui viennent s'épater sur les corbeilles de nos chapiteaux, en se disposant quelquefois sur deux rangs distincts. A cette époque, le tailloir revêt toujours la forme octogone (Pl. 3, fig. 24 bis). La multiplication des colonnes autour des piliers les rapproche au point de les voir se toucher, disposition qui amène l'établissement des chapiteaux à des hauteurs différentes (Pl. 3, fig. 24 ter). Ce qui se passe aussi pour les chapiteaux dans le XIVe siècle, nous le voyons s'accomplir pour les bases dans le XVe.

Bases. Dans le siècle précédent, nous avons vu le tore inférieur prendre du développement en s'aplatissant et débordant les plinthes ; nous avons constaté également la présence d'un petit canal ou scotie séparant le tore inférieur du tore supérieur ; au XIVe siècle, la base s'appauvrit, elle perd de la hauteur et de la saillie, les deux tores se réunissent et la scotie disparaît (Pl. 3, fig. 37). Déjà on aperçoit une tendance de la part des architectes à dissimuler, à faire disparaître ce membre d'architecture en restreignant ainsi les moulures horizontales pour leur substituer les grandes lignes verticales.

Les socles acquirent une certaine importance dans les piliers du XIVe siècle ; dans quelques cas, ils affectent la forme carrée et plus souvent la forme octogonale ; ils sont quelquefois formés de deux parties superposées offrant un ressaut garni presque toujours de moulures en forme de tore ou de doucine. Quelquefois, ces socles viennent pénétrer dans la partie supérieure d'une semelle qui leur sert de base. (Pl. 3, fig. 37 bis.)

Arcades. L'arc dit équilatéral, qui avait apparu sur la fin du XIIIe siècle, fut la seule courbure employée à la construction des diverses arcades au XIVe siècle. Dans le courant de ce siècle on fit aussi usage d'une courbe dont les centres étaient placés en dedans de l'ouverture de l'arcade et non en dehors comme pour les arcs à lancettes ; cette disposition fit perdre un peu à l'arcade la forme oblongue pour lui en substituer une peu écrasée. Les tores et les scoties, qui ornent les archivoltes des arcades, perdent leur caractère mâle, par suite de la substitution au tore cylindrique de celui plus allongé garni d'un renflement à sa partie inférieure, qui le fait ressembler à la carène d'un navire. (Pl. 2, fig. 33 et 34.)

Fenêtres. Dans le siècle précédent, les fenêtres avaient déjà pris une certaine extension ; mais, dans le XIVe siècle, cette extension va croissant, le nombre des subdivisions augmente avec les ouvertures. Comme disposition la plus habituelle en usage déjà au XIIIe siècle, le tympan de l'arcade principale se découpe d'abord de deux ogives géminées surmontées d'une rose qui remplit l'espace laissé libre au sommet de l'arcade ; chacune de ces ogives se subdivise respectivement en deux ogives géminées avec rose, trèfle ou quatre-feuilles à leur sommet (Pl. 1, fig. 54). Les tores qui dominent ces divers compartiments viennent asseoir leur retombée sur des colonnettes faisant meneaux. On rencontre au XIVe siècle des fenêtres qui en réunissent deux semblables à la précédente, surmontées d'une grande rosace de couronnement qui remplit le vide laissé libre au sommet de l'arcade. Ces grandes ouvertures se voient principalement dans les façades, aux extrémités des transepts et au chevet des églises qui se terminent par un mur droit ; dans ce dernier cas, elles remplacent ces lancettes trinitaires, dont plusieurs monuments du XIIIe siècle nous offrent un exemple. Sur la fin du XIIIe siècle, les arcs trilobés, qui s'inscrivent dans les arcs à ogive de nos petites arcades de division, substituent, à la forme arrondie de leur sommet, celle pointue des ogives qui les circonscrivent. Les archivoltes des arcades sont, comme au XIIIe siècle, formées de tores, séparés par des gorges ; quelquefois on rencontre plusieurs archivoltes en retraite, qui viennent se raccorder avec des colonnettes de support ou mourir sur les faces latérales des contreforts adjacents.

Dans quelques grandes églises, les fenêtres du clerestory sont surmontées de pignons ou pyramides, dont les rampants sont ornés de crochets et la pointe d'un fleuron ; ces pignons s'élèvent au-dessus des balustrades qui bordent les combles et ont leur tympan orné de figures rayonnantes, analogues à celles des fenêtres (Pl. 1, fig. 54). La partie supérieure des pignons est quelquefois ajourée.

Durant toute la période ogivale, les fenêtres des églises furent constamment couronnées d'une ogive et jamais d'un linteau droit ou couverte. Quelques manoirs des XIVe et XVe siècles virent leurs fenêtres divisées en quatre compartimenls par des meneaux ou croisillons en pierre.

Roses. Nous avons vu dans le siècle précédent les roses acquérir déjà une certaine importance, autant par le bon goût de leur division en compartiments que par leur étendue; le XIV° siècle continua cette marche ascendante, les roses furent établies sur de plus larges proportions, leurs divisions furent augmentées par la multiplicité des rayons ; c'est alors que ce complément indispensable de la décoration de nos portails arrive à son apogée de richesse, de grandiose et de perfectionnement, et contribue à produire à l'intérieur de nos édifices des effets merveilleux. Cette disposition rayonnante, que présentent les compartiments de nos grandes roses, a fait donner par quelques antiquaires au style du XIV° siècle, le nom de style rayonnant, adopté par la plupart des archéologues (Pl. 1, fig. 44).

Portes. Les portes du XIV° siècle présentent à peu près le même luxe d'ornementation que dans le XIII° ; toutefois les pignons qui les couronnent deviennent plus aigus ; leur tympan, au lieu de présenter deux surfaces unies comme dans le XIII° siècle, se recouvre de compartiments à jour ou simulés figurant soit des trèfles, des quatre-feuilles et des rosaces polylobées. Les crochets qui garnissent les rampants des pignons sont plus rapprochés, et leur forme semble se modifier aux approches du XV° siècle.

Les figures en bas-relief qui décorent les tympans des portes du XIII° siècle sont remplacées, au XIV°, par des trèfles, des quadrilobes ou des rosaces (Pl. 2, fig. 6).

Triforium. Dans le XIV° siècle, une modification importante s'introduit. Le triforium, comme nous l'avons indiqué précédemment, consistait en une galerie obscure ; on résolut d'éclairer cette galerie et pour ce, on mit à jour toutes ces parties de murs au-dessous des fenêtres du clerestory, avec adjonction d'arcatures dont la disposition et la forme représentaient celles à l'intérieur (Pl. 5, fig. 8). Dès la fin du XIII°

siècle, ces notables changements s'opéraient dans quelques grandes églises telles que Beauvais, Amiens, et dans le Nord.

Balustrades. Les balustrades, en honneur déjà au XIII° siècle, continuent à être employées avec un grand succès au XIV°; à ces petites arcatures à ogives simples du siècle précédent, on voit se substituer les trèfles, rosaces et quatre-feuilles encadrés. Vers le commencement du XIV°, on vit aussi des balustrades, comme au XIII° siècle, formées d'arcs trilobés, portés par des colonnettes ou de petits montants. Les balustrades vinrent bientôt apporter un nouveau luxe d'ornementation à la partie supérieure de nos grands édifices; elles entourèrent les plate-formes au sommet des tours, au point d'où jaillit la flèche, et offrirent autour de ces plate-formes une circulation empreinte dès lors de sécurité (Pl. 5, fig. 10, 14).

Tours ou clochers (Pl. 5, fig. 6). On continua, comme dans le siècle précédent, de construire des tours d'une très-grande élévation; beaucoup de flèches furent en pierre, cependant on en construisit en charpente que l'on recouvrit d'ardoises. On prodigua aux flèches en pierre un plus grand luxe d'ornementation que dans le siècle précédent, qui s'était borné à figurer des imbrications sur les pans de ces pyramides; mais, à cette époque, les angles ou arêtes de ces dernières se garnirent de crochets, leurs faces se découpèrent de trèfles et rosaces, et cette riche ornementation vint encore mieux caractériser que par le passé nos tours du XIV° siècle.

Clochetons. Les clochetons gagnent en élégance au XIV° siècle et se rapprochent des pinacles par leurs divers détails d'ornementation (Pl. 5, fig. 3).

Ornements. On rencontre au XIV° siècle un genre d'ornementation analogue à celui du siècle précédent, à part toutefois que dans ce dernier on sema l'ornementation avec un peu moins de profusion; on sut arriver à de grands effets autant par la pureté et les savantes combinaisons des lignes verticales et horizontales, que par un emploi sobre et raisonné des ornements. La transformation subie par les tores et colonnettes, par l'addition du renflement dont il a été question plus loin, commence par étioler notre architecture en lui portant un coup qui ne pouvait que préparer rapidement sa décadence. Parmi les divers détails d'ornementation employés au XIVe siècle, nous avons déjà parlé des trèfles, quatre-feuilles et balustrades ; nous allons maintenant passer en revue d'autres détails employés à la décoration avec beaucoup de succès.

Arcatures. Les arcatures, employées déjà dans le siècle précédent, continuèrent à l'être fréquemment dans le XIVe siècle ; elles furent alors couronnées par des frontons dont les rampants sont ornés de crochets (Pl. 4, fig. 39). On vit régner les arcatures à l'intérieur des édifices dans les soubassements des bas-côtés, des chapelles et du chœur ; quelques-unes reçurent un grand luxe d'ornementation ; on les employa aussi très-avantageusement à l'extérieur en diverses parties des façades, pour racheter la nudité de certaines parties. On les vit alors acquérir d'assez larges proportions et rappeler, par leurs découpures et leurs subdivisions, par de légers meneaux, les dessins variés et élégants de nos splendides fenêtres.

Crochets ou crosses. Le XIVe siècle prodigua les crochets ; ils furent plus courts et plus rapprochés dans les diverses parties qu'ils occupèrent ; leur galbe se modifia sensiblement dès la fin du XIIIe ; au lieu d'affecter la forme d'une crosse dont la tête était recourbée vers la terre, ils revêtent la forme d'une feuille plus ou moins déchiquetée (Pl. 4, fig. 43), que l'on voit se redresser et se replier vers le ciel. Les crochets employés au commencement du XIVe, à l'ornementation des chapiteaux, reçurent un plus grand épanouissement que ceux du XIIIe ; mais bientôt, à l'exemple des crochets qui garnissent les rampants de frontons, ils affectent la forme de feuillages déchiquetés qui viennent s'attacher aux corbeilles de nos chapiteaux.

Pinacles. Les pinacles deviennent plus nombreux et plus élancés ; ils représentent des aiguilles dont les arêtes sont garnies de crochets et dont la pointe est terminée par un bouquet ou fleuron.

Dais (Pl. 4, fig. 5). Les dais rappellent toujours les formes adoptées dans les siècles précédents, seulement au XIVe siècle, ils sont mieux ornés et revêtent des formes plus délicates et plus compliquées.

Rosaces. Les rosaces représentent en petit les mêmes compartiments que les roses ; ces compartiments affectent le plus souvent la forme rayonnante du centre à la circonférence.

Sculpture. La période du XIIIe siècle fut pour la sculpture une époque de progrès bien évident, alliant le talent de la composition au fini d'exécution ; le XIVe siècle ne suivit point cette marche ascendante du siècle précédent : les artistes de cette époque n'étaient plus inspirés par ces idées aussi élevées, cette conviction vraiment religieuse, ce désir du beau et du simple, qui animaient nos artistes du XIIIe siècle. Aussi, dans l'examen des sculptures du XIVe, on découvre des caractères que l'on peut considérer comme la personnification pure et simple des idées étroites, de l'absence des connaissances nécessaires, alliées au manque de désintéressement de l'ouvrier laïque. En général, les figures présentent moins de naïveté, on s'attache plus aux petits détails et moins à l'effet général ; les draperies sont traitées avec moins de simplicité, la prétention s'y fait sentir. Le travail du ciseau et l'exécution du dessin comportent une habileté moins grande que dans le siècle précédent, et semble dénoter un travail expéditif, plutôt qu'une œuvre de patience, d'adresse et de bon goût. Les consoles, modillons ou corbeaux, sont accompagnés souvent de figures monstrueuses, de caricatures que l'on peut considérer comme l'expression d'une intention railleuse et satirique dirigée contre le culte lui-même, et surtout contre ses ministres. Ainsi on voit des moines représentés sous une forme un peu chimérique, avec le concours d'accessoires formulant des intentions malicieuses souvent empreintes d'obscénités.

Dans les compositions religieuses de l'époque, on s'attache à modifier le genre de représentation de certains personnages : ainsi la Vierge que l'on avait vue jusqu'au XIV° siècle représentée assise, ayant l'Enfant-Jésus sur ses genoux, est, à partir de ce siècle, représentée debout, tenant l'Enfant-Jésus sur ses bras.

Dans la représentation du Jugement dernier, sur le tympan des portes, on voyait au XIII° siècle le Christ dominant la scène, mais à partir du XIV° siècle, on le vit représenté sous de plus faibles dimensions.

Peinture monumentale. L'emploi de la peinture polychrome sur les diverses parties des monuments, continua d'être en honneur et même plus qu'au XIII° siècle. On peignit souvent les colonnes en rouge et les chapiteaux en vert.

Verrières ou vitraux. Le XIV° siècle fut pour la peinture sur verre une époque de progrès bien caractérisée ; la pratique du dessin, l'étude des ombres, des reflets et de la perspective linéaire et aérienne, vinrent offrir à nos artistes du XIV° siècle des ressources fécondes qui leur permirent une copie mieux raisonnée et plus fidèle de la nature dans leurs diverses compositions. Les ornements, les draperies, les figures, dont le relief et le modelé n'avaient été reproduits précédemment que d'une manière imparfaite, s'étalent pompeusement à nos regards, sous des contours, des poses, une douceur, un moelleux de coloris et une naïveté d'expressions qui justifient le mérite consommé des artistes qui ont présidé à leur exécution. Les verrières de cette époque, avec tout le mérite d'exécution qu'on doit leur reconnaître, ne nous offrent cependant point ces tons harmonieux, ces effets saisissants des mosaïques transparentes des deux siècles précédents. Les médaillons légendaires des verrières du XIII° siècle disparaissent pour faire place à des sujets religieux, à ces grandes figures de saints, de prélats, de prophètes, que l'on voit tantôt debout, tantôt agenouillés. Celles-ci reposent sur des espèces de consoles en grisaille, ornées dans le goût de l'époque, et sont couronnées par un dais pyramidal découpé d'ogives, orné de frontons, de pinacles et arcs-boutants, semblables à ceux en pierre que l'on observe au-dessus des statues adossées à nos portails.

Les portraits et les armoiries des fondateurs et des bienfaiteurs des églises apparurent souvent dans les vitraux.

A l'époque qui nous occupe, on fit abandon des petites pièces de verre réunies par de petites lames en plomb, pour leur en substituer de plus grandes, qui virent encore leurs dimensions augmenter dans les siècles suivants.

Style ogival tertiaire ou flamboyant. — XVe siècle et première moitié du XVIe.

PREMIÈRE PHASE.

Les XIIIe et XIVe siècles avaient vu grandir étonnamment notre architecture ; le XIIIe lui avait fourni tous les éléments de simplicité, de sévérité et d'élégance ; le XIVe était venu compléter l'œuvre, en lui apportant des éléments de richesse distribués avec autant de discernement que d'à-propos. Notre architecture semblait alors avoir atteint l'apogée de sa grandeur ; or, il est une vérité trop grande, c'est que souvent les extrêmes se touchent, et que le plus haut degré de perfection où soit parvenue une science est souvent le point le plus proche de sa décadence.

C'est ce qui arriva à l'architecture du moyen-âge. Assurément, elle ne pouvait plus produire quelque chose de plus majestueux, de plus saisissant que ces belles conceptions des XIIIe et XIVe siècles ; elle avait acquis tout ce que pouvait élaborer le génie fécond de nos artistes que venait fortifier et encourager la foi religieuse de l'époque, alliée au désintéressement le plus absolu. Au XVe siècle, l'esprit religieux commençait à s'affaiblir, le désintéressement avait fait place à l'égoïsme ; on perdait de vue ce noble cachet de simplicité et de richesse imprimé avec tant d'art sur nos édifices religieux, pour se lancer dans cette superfétation de détails finement exécutés dans lesquels on reconnaît le produit exclusif de la prétention et du caprice. Cette accumulation de détails vint porter une atteinte sérieuse à la physionomie de nos édifices en l'étiolant considérablement. Ainsi se prépara la décadence de notre architecture qui s'était élevée, pendant l'espace de deux siècles, au pinacle de sa grandeur et de sa richesse.

Plan. Le plan des édifices religieux du XIVe siècle resta le même jusqu'à l'abandon du style ogival et le retour à l'architecture classique. Seulement les artistes du XVe siècle n'eurent aucun scrupule de porter atteinte à la symétrie qui caractérise nos monuments des siècles précédents, en construisant des chapelles et autres ouvrages hors de proportion avec ceux préexistants ; ils portèrent aussi profondément atteinte à l'harmonie.

Contreforts. Les contreforts, soit qu'ils reçoivent des arcs-boutants, soit qu'ils soutiennent les murs des nefs, ont leurs faces garnies de pinacles en application de frontons à ogive et accolade ou de niches élégantes richement décorées de statues. Lorsqu'ils supportent des arcs-boutants et qu'ils se détachent des murs, ils sont couronnés par des clochetons qui affectent la forme octogone et dont chaque face est surmontée d'un fronton hérissé de crochets, avec aiguille ou obélisque de couronnement (Pl. 2, fig. 48 bis). Ce couronnement, tout en affermissant le contrefort, lui donne de la hardiesse et de l'élancement. Avant le XV° siècle, tous les contreforts placés aux extrémités des édifices font un angle droit avec les murs qu'ils soutiennent ; mais à cette dernière époque, ceux correspondants aux angles ont leurs faces parallèles à la bissectrice desdits angles. Les arcs-boutants conservent toujours la même forme et la même légèreté et sont souvent ornés de festons et de découpures (Pl. 2, fig. 48 bis).

Colonnes et pilastres. Les colonnes groupées en faisceaux autour des pilastres s'amincissent de plus en plus et échangent la forme circulaire de leur tore contre celle oblongue, ressemblant par sa partie antérieure à une carène de navire. Bien souvent les colonnettes sont remplacées par des nervures prismatiques (Pl. 4, fig. 40 ter). L'exécution de ces nervures, alternant avec des gorges profondes et multipliées, comportait des difficultés pour la rectitude du taillage, difficultés qui n'existaient point dans le taillage des colonnettes. Vers la fin du XV° siècle, époque à laquelle le chapiteau disparaît, les nervures des piliers se prolongent jusqu'à la partie supérieure et viennent se raccorder avec les arceaux ou ramifications qui tapissent les voûtes. Quelques pilastres revêtent des pinacles en application et des consoles qui devaient recevoir des statues.

Chapiteaux. Au commencement du XV° siècle, les chapiteaux sont formés de la superposition sur la corbeille de deux bouquets de feuillages frisés (Pl. 3, fig. 25) ou d'une guirlande de feuilles profondément découpées. En approchant de la période du XV° siècle, le galbe du chapiteau s'altère, son tailloir s'arrondit et la corbeille s'écourte jusqu'au moment où le chapiteau disparaît entièrement pendant un certain temps pour être remplacé, au XVI° siècle, par des figures grotesques en bas-relief appartenant au XI° siècle, et enfin par le retour du type classique.

Arcades. La courbe employée dans les arcades fut l'ogive

dite surbaissée, dont les centres sont sur la ligne des naissances et à l'intérieur de l'arcade (Pl. 2, fig. 15) ; l'ogive équilatérale fut aussi employée, mais plus rarement. Dans les siècles précédents, nous avons vu l'archivolte des arcades ornée de tores circulaires avec renflement réunis par des gorges. Au XVe, ces tores disparaissent pour faire place aux nervures prismatiques. L'extrados de quelques arcs fut garni de feuilles frisées fort en honneur à cette époque.

Voûtes. Vers la seconde moitié du XVe siècle, les arceaux commencent à se multiplier et à déterminer par leur enchevêtrement un véritable réseau. La saillie de ces arceaux augmente, leurs moulures deviennent prismatiques, et offrent à la partie inférieure la forme d'une carène de navire, dont la quille serait très-saillante (Pl. 1, fig. 37 bis).

Fenêtres et roses. Les fenêtres, au XVe siècle, sont plus larges qu'au XIVe ; mais la hauteur ne dépasse généralement guère deux fois leur largeur, ce qui leur donne beaucoup moins d'élancement que dans le siècle précédent. Des meneaux de forme prismatique s'élèvent verticalement jusqu'aux naissances de l'arcade et divisent ainsi l'ouverture en plusieurs compartiments réunis à leur partie supérieure par des arcs trilobés et pointus : du sommet de ces arcs, les meneaux qui les forment poursuivent leur marche ascendante dans l'étendue du tympan, se ramifient en décrivant des courbes alternativement concaves et convexes, et nous offrent l'image de dessins formés de triangles et de quadrilatères curvilignes représentant des étoiles, des fleurs de lys, des cœurs renversés finissant en pointe. L'analogie que ces figures contournées présentent avec une flamme droite ou renversée a fait qualifier les fenêtres qui en sont ornées de fenêtres flamboyantes, et a valu au style du XVe siècle la dénomination de style flamboyant (Pl. 1, fig. 35 et 36).

Toutes les contrées n'ont pas offert une facilité égale pour la production de ces dessins contournés ; là où les matériaux étaient de nature tendre, comme dans le nord de la France, la pierre subissait la fantaisie et le caprice des artistes en se couvrant de nombreuses découpures, se contournant et s'infléchissant avec une grande flexibilité; dans la Bretagne au contraire, où on rencontre des matériaux très-compactes et de nature siliceuse, tels que le granit, se prêtant difficilement au travail du ciseau, ces figures tourmentées sont remplacées par des dessins rayonnants.

Dans la région monumentale du Rhin, les broderies rayonnantes se présentent dans un grand nombre d'édifices, reproduisant la forme flabelleforme (Pl. 4, fig. 37).

En Angleterre, les fenêtres, au XV° siècle, sont d'une grande simplicité; leur remplissage consiste en des meneaux très-déliés qui existent dans toute la hauteur de l'ouverture. En Bretagne, dès le XIII° siècle, les fenêtres offrent un pareil mode de remplissage.

Les archivoltes des arcades sont profondément refouillées, décorées de feuillages frisés, ou d'animaux taillés et évidés dans la masse avec beaucoup d'art; elles sont couronnées à l'extérieur par un fronton ou galbe en accolade, dont les rampants sont garnis de choux frisés et le tympan découpé à jour par des figures flamboyantes.

Les roses admettent le même système de dessins flamboyants que les fenêtres (Pl. 4, fig. 45).

Portes. Comme dans le siècle précédent, les voussures des portes sont parfois ornées de statuettes avec consoles de support et dais de couronnement finement et délicatement sculptés dans le goût de l'époque; quelquefois seulement elles sont accompagnées de deux pilastres latéraux divisés en petits panneaux ornés de niches, d'arcatures et surmontés de pinacles. L'extrados des portes est couronné par un fronton pyramidal à contre-courbure dit en accolade, dont le galbe ou rampant est orné de feuilles frisées, redressées en crochets et le tympan déchiqueté à jour par des figures flamboyantes. Ce galbe se terminé soit par un piédestal destiné à recevoir une statue, soit par un bouquet de feuilles frisées, semblables à celles qui garnissent les parties rampantes (Pl. 2, fig. 47). Les archivoltes qui encadrent la porte n'affectent plus que rarement la courbure de l'ogive équilatérale, en honneur dans le siècle précédent; on les vit souvent faire emploi de l'ogive obtuse ou surbaissée; elles sont toujours ornées de moulures formées, comme dans le XIV° siècle, de tores un peu elliptiques séparés par des scoties ou gorges profondes; le filet, appliqué à la partie inférieure du tore, s'allonge un peu plus que par le passé. Indépendamment de ce genre de courbure on fit usage, dans beaucoup d'églises des XV° et XVI° siècles, de l'arc dit en accolade (Pl. 2, fig. 20) formé de l'arc ogive raccordé vers son sommet par deux contre-courbures. Ce genre d'arc, que l'on retrouve dans l'architecture mauresque, se reproduit non seulement dans les portes, fenêtres, arcades simulées, mais encore dans beaucoup d'autres parties ou ornements, telles que les trèfles, les quatre-feuilles et les rosaces; un autre genre d'arcade a été employé comme couronnement de porte, du XV° au XVI° siècle; c'est l'arc dit surbaissé ou en anse de panier (Pl. 2, fig. 22), dont la forme nous semble déjà nous prédire le retour du plein-cintre et nous montrer la renaissance en perspective. Cet arc, comme l'ogive, est surmonté d'un galbe en accolade (Pl. 2, fig. 8) toujours hérissé de feuillages frisés et couronné par un fleuron ou bouquet épanoui. Il existe encore une autre espèce d'arc que l'on rencontre très-peu en France, mais que l'Angleterre et la Belgique ont souvent employé, du XV° au XVI° siècle : c'est l'arc Tudor, ainsi appelé parce que l'Angleterre l'a mis en honneur sous les rois de la famille de ce nom. Aux XV° et XVI° siècles, l'extrados des archivoltes et des portes est très-fréquemment décoré de festons formés par une série de petites contre-arcatures tréflées et découpées à jour (Pl. 2, fig. 15).

Dans les églises d'une certaine magnificence, le triforium

continua à être transparent comme dans le siècle précédent ; ses arcades sont caractérisées par des figures flamboyantes (Pl. 5, fig. 8).

Balustrades. Les balustrades adoptent les mêmes dessins contournés que nous avons vus orner les tympans des fenêtres de cette époque (Pl. 3, fig. 13).

Tours ou clochers (Pl. 3, fig. 7.). Les tours élevées pendant le XVe siècle sont généralement moins élevées que celles du XIVe ; cependant on en rencontre qui le sont autant. Elles présentent généralement la forme carrée, flanquée de contreforts très-saillants, décorés de pinacles en application et en couronnement. Les tours à plan carré se terminent, dans certains cas, par une plate-forme entourée d'une balustrade à jour, et dans d'autres cas, on y remarque, comme couronnement, une flèche quelquefois en pierre, quelquefois en bois. Dans certains cas, la flèche ne pose pas toujours directement sur la plate-forme, elle surmonte un deuxième étage ou tour octogonale élevée immédiatement au-dessus de ladite plate-forme.

Les angles de cette deuxième tour sont protégés par des arcs-boutants qui viennent, d'une part, s'appuyer contre les contreforts de la tour carrée et qui, de là, vont épauler les angles de la tour octogonale garnis à cet effet de petits contreforts décorés de pinacles. On rencontre aussi quelquefois des tours octogones terminées par un toit peu élevé ou par une plate-forme. En Belgique, en Angleterre, les flèches en pierre de forme octogonale offrent assez souvent divers étages de lucarnes surmontées de frontons.

Dans les siècles précédents, on était dans l'habitude de flanquer de deux tours les façades des grandes églises ; au XVe, on vit élever une seule tour au milieu du portail ; quelquefois, dans les églises peu importantes, on se contenta de surmonter le portail d'un petit clocher dit clocher-arcade (Pl. 3, fig. 7 bis). Toutes les tours élevées pendant le XVe

siècle furent généralement décorées avec beaucoup de luxe (Voir la pl. 3, fig. 7).

Clochetons. Les clochetons, au XV° siècle, se présentent sous la forme de tourelles octogonales privées d'ouvertures; les arcatures qui se dessinent sur chacune de leurs faces sont alors simulées; les aiguilles ou pyramides qui les couronnent ont leurs angles hérissés de crochets et ne sont point évidés à l'intérieur.

Ornementation. Lorsque nous jetons un coup-d'œil sur les monuments du XIII° siècle, nous ne pouvons nous lasser d'admirer les heureuses et savantes combinaisons de leurs masses, la sévérité, l'élégance et la richesse de leurs détails. Quoi de plus imposant et de plus digne d'admiration que ces agroupements de colonnes cylindriques, ces arcades à moulures engendrées par les combinaisons du tore et de la scotie, ces fenêtres splendides divisées et subdivisées en compartiments, reproduisant les trèfles et quatre-feuilles à pétales arrondies, ces chapiteaux à décoration végétale si variée, si naïve et si accentuée, etc.? Lorsqu'ensuite nous nous reportons au XV° siècle, nous remarquons à regret une oblitération complète de l'ornementation et des formes consacrées par les siècles précédents. Ce n'est plus ce cachet de simplicité, de vigueur, d'élégance, de richesse d'une ornementation distribuée avec tant d'habileté, d'à-propos et de réserve, cet emploi de formes si simples, si grandioses et si naturellement ordonnées; mais une modification presque radicale s'y fait remarquer; les agroupements de colonnes cylindriques sont remplacés par des piliers à moulures prismatiques formées de filets séparés par des gorges profondes, le pilier ne présente plus alors qu'une physionomie sèche et étiolée, les chapiteaux des colonnettes sont supprimés, les arcades comme les piliers présentent un aspect de maigreur, les tympans des croisées, ornés avec tant de symétrie et de goût par l'emploi de trèfles et de quatre-feuilles, reçoivent des ornements contournés et variés que l'on a comparés à des flammes renversées ; les trefles et quatre-feuilles sont encore employés, mais après la substitution de la forme aiguë, dessinant une accolade à celle arrondie de leurs lobes ; la décoration végétale attache avec profusion à nos façades les mauves frisées, les choux, chardons, le houx, la chicorée, etc., etc., que l'on voit s'étendre à un point de provoquer la monotonie. A ces expansions végétales s'ajoutèrent, pour compléter la décoration de nos façades du XV°, cette légion de statues avec leurs niches et dais qui vinrent donner à nos façades une physionomie encore plus variée et plus splendide.

Nous allons reproduire ci-après quelques détails d'ornementations employés au XV° siècle.

Arcatures. Les arcatures sont presque toutes surmontées d'un fronton pyramidal à crochets terminé à sa partie supérieure par un feuillage frisé ; ces arcades circonscrivent souvent des trilobes (Pl. 4, fig. 39).

Festons. Les festons consistent en une élégante déchiqueture d'arc trilobé suspendu aux voussures des portes et des fenêtres, ou couronnant les contreforts et autres parties saillantes des édifices ; cet ornement fut introduit dès la fin du XV° et au commencement du XVI°.

Panneaux. Les panneaux sont formés de la superposition d'arcatures trilobées séparées par des lignes horizontales ; on les voit figurer sur diverses parties de murs pour en masquer la nudité. La symétrie, le mode de division et de superposition de ces arcatures leur ont fait donner, par quelques antiquaires, le nom de panneaux, par leur analogie avec des panneaux de boiserie (Pl. 4, fig. 59 bis).

Crochets ou crosses. Les crochets ressemblent quelquefois à ceux du XIV° siècle, mais le plus ordinairement ils sont formés de feuilles de choux ou de chardons et d'autres feuilles indigènes frisées, contournées de manière à prendre quelquefois une configuration qui rappelle la tête d'un dauphin (Pl. 4, fig. 44 et 45).

Pinacles appliqués. Les pinacles appliqués sont employés avec succès à la décoration des diverses parties de nos façades ; ils sont toujours garnis de crochets et constituent une décoration très-agréable (Pl. 5, fig. 4).

Dais. L'emploi de la statuaire à la décoration de nos édifices introduisit l'usage de ces couronnements en saillie appelés dais, que l'on voit, sous la forme de Jérusalem céleste, surmonter les statues qui ornent nos portails du XII⁰ siècle. Au XV⁰, ce genre de couronnements acquiert plus d'importance par la variété de leurs formes et leur fini d'exécution, qui leur confèrent un aspect de richesse et d'élégance bien méritées. Ils revêtent alors la forme pyramidale déchiquetée d'arcatures et autres ajours, décorés de frontons et surmontés d'aiguilles hérissées de crochets. (Pl. 4, fig. 5 bis). La partie intérieure de ces dais figure des versées de voûtes et même des pendentifs.

Consoles. Les consoles qui servent de support aux statues sont ordinairement formées de personnages accroupis, d'une exécution bien plus parfaite et qui les fait facilement distinguer de celles que l'on rencontre dans les siècles précédents. A la fin du XV⁰ et surtout au XVI⁰, ces figures gracieuses sont remplacées par des figures grotesques et des animaux fantastiques. On y rencontre souvent la salamandre, signe distinctif de François I⁰ʳ.

Statuaire. En nous reportant au XIII⁰ siècle, la statuaire nous apparaît sous un aspect qui allie le naturel des formes au fini délicat de l'exécution ; dans le siècle suivant on remarque moins de fini dans le travail, les draperies et autres détails sentent un peu la prétention et ont quelque chose de tourmenté ; au XV⁰ siècle, une ère nouvelle semble commencer, les sculpteurs s'élèvent au rang d'artistes, leur génie improvisateur vient élaborer un type nouveau qui, fortifié par la pratique du modelage, de la chair vivante et morte, leur fournit désormais les moyens sûrs de reproduire dans leurs compositions l'expression des passions humaines. C'est surtout sur les statues destinées à décorer les tombeaux que se déploie cette habileté du XVe siècle à faire pleurer ses personnages. La reproduction de ces diverses physionomies ne constitue point un caractère général de l'époque, la plupart des statues qui ornent nos portails, nos contreforts, etc., dénotent une exécution expéditive par des artistes de deuxième ordre, une absence de relief et de vie. En général, le naturel fait défaut dans ces compositions. On vit apparaître dans le XVe siècle moins de grandes statues que dans les siècles précédents.

Peinture monumentale. La peinture polychrome, employée dans les siècles précédents, continua d'être en honneur pendant le XVe siècle. Les figures représentées tiennent souvent des banderoles ou phylactères portant des inscriptions explicatives des scènes ou personnages représentés. Dans tous les détails on reconnaît un progrès bien évident dans le dessin.

Peinture sur verre. Les compositions exécutées par les peintres verriers du XVe siècle ont été très-nombreuses, et nous rencontrons encore aujourd'hui bon nombre d'églises de villes et de campagnes qui nous offrent de bons spécimens de ces compositions.

Au XIVe siècle, nous avons vu employer avec beaucoup de succès, comme couronnements de personnages, les dais formés de frontons de clochetons et pinacles enrichis de feuillages ; au XVe siècle, la peinture suit l'exemple de la sculpture ; ces riches couronnements sont reproduits avec une plus grande complication de lignes et d'ornements, toujours exécutés dans le style architectonique du temps ; vers la fin du XVe siècle, ils acquièrent des proportions telles que les personnages placés au-dessous de ces riches couronnements semblent ne représenter qu'un rôle de décoration secondaire ; ils paraissent même écrasés et dominés par ces couronnements. Ce caractère, joint à la reproduction fidèle des formes architectoniques dans les vitraux, nous fournit un moyen de reconnaître s'ils appartiennent au commencement ou à la fin du XVe siècle.

Parmi les sujets religieux reproduits sur nos verrières pendant la période du XVe siècle, on retrouve des scènes de martyrs, de miracles, l'histoire de Jésus-Christ; des faits de l'Ancien-Testament, des figures d'apôtres, de prélats, d'abbés; au milieu de ces personnages on découvre des légendes explicatives; la forme des lettres de ces légendes, à défaut de dates quelquefois reproduites, nous offre le moyen d'apprécier les époques.

Au XIVe siècle, on employa des couleurs vives et formant opposition, telles que les bleus foncés et le rouge éclatant, le vert et le jaune; le XVe siècle fit aussi quelques applications de l'emploi de ces couleurs, mais il préféra généralement les tons clairs qui furent spécialement employés dans les dais et pinacles qui surmontent les figures. Les teintes blanchâtres et jaunâtres furent très-fréquemment employées. Cette simplification apportée dans l'emploi des couleurs au XVe siècle eut pour résultat d'introduire au XVIe le genre de peinture appelé grisaille, où le gris et le jaune prédominent.

On fit usage au XIVe siècle de verres fondus à deux couches, l'une incolore et l'autre coloriée; les dessins étaient tracés sur la face coloriée, puis, avec le secours de l'eau et de l'émail, on enlevait jusqu'à la couche incolore; cela fait, on faisait application, sur ces parties mises à nu, d'émaux d'or, d'argent et de toute autre couleur. Par ce procédé, on pouvait multiplier à volonté la variété des nuances juxtà-posées, sans avoir recours pour cela, comme dans le XIIIe siècle, aux mosaïques exigeant l'emploi d'autant de pièces de verre que de couleurs. Le XVe siècle nous offre l'exemple de bordures très-riches exécutées par l'application de ce procédé.

Les compositions du XVe siècle reproduisent, comme dans le siècle précédent, ces figures aux larges draperies à gros plis rompus, aux têtes finement dessinées, placées dans des niches en grisaille rehaussées de tons jaunes et surmontées de ces vastes dais, pourvus de tous leurs accessoires de décoration; partout on découvre l'application sévère des règles du dessin et de la perspective; tous les sujets, pris isolément, sont empreints de naïveté, de délicatesse et d'élégance, mais leur effet d'ensemble est loin d'être satisfaisant, en raison de la confusion qui règne souvent dans ces sujets et du défaut d'harmonie résultant dans l'emploi et la disposition des couleurs, où le blanc et le jaune dominent, ce qui leur donne peu de relief et de vivacité, lorsqu'on les examine à une certaine distance. Les fonds offrent des tons unis ou damassés d'une grande richesse. Ce dernier caractère se retrouve, avec plus de richesse encore, dans les étoffes de certains vêtements, dont les nuances vives tranchent d'une manière peu harmonieuse avec les tons clairs des fonds. L'encadrement des fenêtres est le plus souvent garni par des feuillages déchiquetés d'un aspect maigre et ne se détachant que timidement sur le fond, autre caractère qui, joint aux précédents, assigne à nos compositions du XVe siècle un rang inférieur à celles des siècles précédents. A cette époque, on abandonna peu à peu ces vieilles peintures religieuses, empreintes d'un sens mystique, pour faire une application plus générale des lois qui régissent la nature et la vie commune.

Dès le XVe siècle, l'emploi des émaux colorants devint dans l'Occident un procédé ordinaire qui fit abandonner peu à peu les verres teints dans la masse. Ce mode d'application des émaux sur le verre ne produisit jamais un aussi bel effet que ceux incorporés au verre : ils manquent de transparence et ont toujours quelque chose de terne et de crasseux.

SECONDE PHASE.

Cette deuxième phase, embrassant la fin du **XVe** et le commencement du **XVIe**, a été appelée par quelques personnes style fleuri. Cette période se distingue par une grande profusion de ciselures. A cette époque, on ne bâtissait plus guère de grands édifices ; on se bornait à des travaux de restauration, à des additions et modifications, à des retouches. On multiplia les ornements qui représentèrent autant de chefs-d'œuvre de patience, de légèreté, de richesse et d'un fini admirable l'emportant sur tous les ornements de la période précédente ; les filets et nervures vinrent se substituer totalement aux colonnes et colonnettes des siècles précédents et partout où le tore avait été précédemment employé.

Voûtes. Au **XVIe** siècle, les voûtes sont moins élevées que dans les siècles précédents et paraissent même un peu écrasées ; leurs arceaux admettent plus de recherche qu'aux époques antérieures, se ramifient et se croisent en tous sens, de manière à présenter l'aspect d'un réseau saillant tapissant ces voûtes. (Pl. 2, fig. 37 ter.) Tous les points d'intersection des arceaux ou clefs sont recouverts de culs-de-lampe ou pendentifs travaillés avec un art infini ; d'armoiries, de figures diverses d'un grand relief ; quelquefois, de simples rosaces d'une délicatesse extraordinaire d'exécution. Ces pendentifs, couverts de broderies, acquièrent quelquefois des dimensions qui les font comparer à ces stalactites que l'on aperçoit pendantes à l'intérieur de certaines grottes.

Nous avons vu plus haut les filets et nervures se substituer aux colonnes et colonnettes, en faisant ainsi disparaître le chapiteau. Dans les églises richement ornées, on aperçoit quelquefois, entre les lignes des nervures prismatiques, des guirlandes de feuillages qui pourtournent le développement des pilastres et des arcades.

Portes et fenêtres. C'est à cette époque que l'on voit l'arcade en accolade figurer dans nos portes et croisées comme dans l'architecture mauresque; sur la fin de la période ogivale, cette arcade s'affaisse de manière à se rapprocher de la ligne horizontale; les fenêtres de cette époque présentent dans leurs compartiments des divisions semblables à celles du commencement du XVe, à part toutefois un peu plus de régularité; on y remarque, comme dans les portes du XVe siècle, des garnitures en festons trilobés. A cette époque, on rencontre des fenêtres à plein-cintre divisées par des compartiments cintrés de même, surmontées de rosaces ou de quatre-feuilles encadrés et de parties flamboyantes. (Pl. 1, fig. 58, 59.)

Balustrades. Les balustrades de la première moitié du XVIe comportent des compartiments flamboyants allongés et serrés (Pl. 3, fig. 14) que l'on a appelés feuilles de fougères; ces compartiments sont quelquefois isolés, d'autres fois ils sont inscrits dans des roses.

Tours ou clochers. Dans la construction des tours, aux XVe et XVIe siècles, les architectes s'appliquèrent souvent à la recherche de combinaisons nouvelles, mais leurs essais ne furent pas toujours couronnés de succès; à cette époque on établit beaucoup de tours octogones à l'intersection des transepts (Evreux, Bayeux). On rencontre également des tours carrées terminées par une plate-forme et surmontées quelquefois par une flèche ou obélisque, dont le luxe de déchiquetures et la délicatesse des ornements ne le cèdent en rien à celles des tours des siècles précédents. A cette époque on vit les clochetons qui garnissaient la base de nos flèches s'en éloigner et se rapprocher des angles des tours, avec lesquels ils se relièrent par des arcs-boutants dont la légèreté rivalise avec l'élégance (Pl. 3, fig. 7). Ces arcs, en même temps qu'ils concourent habilement à la décoration, offrent à nos tours légères et tout ajourées des points d'appui suffisamment résistants pour procurer une parfaite stabilité dans ce système de buttée.

Indépendamment de flèches en pierre déchiquetées à jour, on en construisit sur le même modèle en bois, que l'on recouvrit de lames de plomb. Nous ferons remarquer, toutefois, qu'au XVI⁰ siècle l'usage des flèches s'affaiblit et qu'on en éleva beaucoup moins qu'on ne l'avait fait au XV⁰ siècle et pendant les siècles précédents.

Porches. Les porches, placés en avant des églises, furent quelquefois décorés avec beaucoup de luxe ; ils affectèrent souvent la forme triangulaire, comme celui de l'église Notre-Dame d'Alançon, mais le plus souvent celle rectangulaire.

Ornementation. Les ornements qui caractérisent principalement cette seconde période du style flamboyant se composent de festons trilobés (Pl. 2, fig. 17) suspendus aux voussures des portes, des fenêtres, des arcs-boutants et quelquefois aux arceaux des voûtes ; des panneaux tapissant les pans de murs (Pl. 4, fig. 39 bis) des broderies, des pinacles en application garnis de feuilles déchiquetées, des dais et niches en encorbellement, couverts de ciselures et de déchiquetures, des ceps de vigne découpés à jour, des entrelacs, des arabesques et rinceaux.

Dans la décoration des chapiteaux on voit souvent figurer des figures de chimères et d'animaux ; on y remarque notamment la salamandre, que François I⁰ʳ avait prise pour emblème, et qui distingue les édifices élevés sous son règne.

Peinture monumentale. L'invention de la peinture à l'huile par Jean de Bruges, pendant la première moitié du XV⁰ siècle, vint substituer peu à peu le travail du pinceau sur toile à celui sur mur, ce que prépara insensiblement l'abandon de la peinture murale dont l'exécution comportait plus de difficulté. C'est alors que, sans respect pour ces naïves compositions, le badigeon vint, à diverses reprises, les couvrir de son ignoble masque vandale que, de nos jours, les amis des arts s'efforcent de faire disparaître.

Verrières ou vitraux. Au XVIe siècle, l'étude des monuments de l'antiquité vint offrir à nos artistes de nouveaux moyens de perfectionnement puisés dans l'art du dessin et de la statuaire. La peinture sur verre et la peinture sur toile mirent sérieusement à profit la pratique de ces deux arts et rivalisèrent pour la production du tableau historique.

Les artistes des siècles précédents avaient toujours envisagé le vitrail peint sous le point de vue unique d'une décoration monumentale, venant ainsi compléter l'imposant et le majestueux de nos intérieurs ; nos verrières à mosaïques répondaient admirablement à ce but, mais cette lumière translucide et mystérieuse qu'elles répandaient dans nos églises les fit abandonner peu à peu, et nos artistes du XVIe siècle, pour obtenir plus de jour, leur substituèrent des vitres peintes avec des tons pâles ou en grisaille. Les fenêtres du XVIe siècle sont quelquefois divisées en plusieurs compartiments par des meneaux, d'autres fois elles sont isolées ; dans le premier cas, il arrive souvent que l'on rencontre dans chaque compartiment des grandes figures isolées sur une console et sous un dais, avec peinture en grisaille ; l'on y voit aussi des sujets empruntés aux livres saints que l'on trouve représentés, malgré l'existence des meneaux ; ce dernier genre de représentation est particulier aux fenêtres isolées.

A cette époque, on voit quelquefois l'arc cintré se substituer à l'arc brisé. Dans les XIIIe et XIVe siècles, il était d'usage de découper les pièces de verre suivant les divers contours demandés par le dessin ; on obtenait ainsi une accentuation plus agréable des lignes ; le XVIe siècle rompit avec cet usage, les tablettes de verre prirent alors la forme carrée et cette disposition vint porter atteinte directement à l'harmonie et au brillant effet de nos verrières.

Ce qui distingue nos verrières du XVIe siècle consiste à la fois dans une finesse d'exécution des détails et dans une composition et représentation plus rigoureuses des sujets. Les édifices en perspective, les paysages, les lointains, les étoffes, furent merveilleusement traités par l'emploi du verre à deux teintes et des émaux ; on vit les robes et les manteaux se couvrir de fleurs à ramages, de riches broderies, de perles et de pierres imitant l'émeraude et le saphir. Le modèle des figures nues se présente sous des tons qui rendent assez bien l'effet des carnations.

Dans la composition des grands vitraux, on ne fit pas un usage exclusif des verres émaillés ; on se servit aussi, avec succès, pour les étoffes, notamment des verres teints dans la masse, dont les tons présentent beaucoup de vigueur et de fixité.

Renaissance.

A partir du XIIe siècle, époque à laquelle le plein-cintre fut détrôné par l'ogive, jusqu'au XIVe, il y eut dans notre architecture une marche ascendante ; aux formes hardies et simples, étaient venues s'associer des combinaisons riches et sévères qui, en se multipliant hors de proportion au XVe siècle, avec l'admission d'une plus grande délicatesse de travail, préparèrent la décadence de notre belle architecture des siècles précédents, et donnèrent naissance à un nouveau style décidé à réhabiliter le plein-cintre, en lui associant non seulement quelques caractères décoratifs particuliers du moyen-âge, mais un choix d'ornements nouveaux.

Cette nouvelle architecture reçut le nom d'architecture de la renaissance, parce qu'elle avait alors fait renaître et remis en honneur le plein-cintre et autres détails d'ornementation de l'architecture antique.

Ce fut sous le règne de Louis XII et de François Ier, que cette révolution dans notre architecture commença à s'opérer.

A la suite des guerres d'Italie, ces rois firent venir à la cour de France des artistes italiens tels que Joconde, Léonard de Vinci, André del Sarte, Serlio, Pierre-Ponce Trebati, dont les travaux, joints à la découverte récente des manuscrits de Vitruve, à cet esprit d'innovation et de réforme qui fermentait dans la société, vinrent donner naissance à ce nouveau style qui se fait généralement remarquer par la grandeur de ses proportions, la richesse, la délicatesse et la variété de ses ornements.

Le style de la renaissance fut plus généralement affecté aux constructions civiles, publiques et privées, qu'aux édifices religieux ; dans ces derniers, l'ogive se montre dans les constructions des fenêtres et arcades jusqu'au XVIIe siècle.

DICTIONNAIRE

DES

TERMES D'ARCHITECTURE

EMPLOYÉS DANS LE COURS DE CET OUVRAGE.

DICTIONNAIRE

DES

TERMES D'ARCHITECTURE

EMPLOYÉS DANS LE COURS DE CET OUVRAGE.

Abaque. Voyez *Tailloir*.

Abside. C'est la partie qui termine le chœur d'une église, soit par un hémicycle, soit par un mur plat, soit par des pans coupés. Indépendamment de cette abside à l'orient, plusieurs grandes églises en possèdent dans le mur à l'occident et aux extrémités des transepts.

Accolade. Cette courbe est formée d'un arc ogive dont le sommet, un peu allongé, résulte de l'intersection de deux courbes ou arcs de cercle concaves (Pl. 2, fig. 20). Cette forme d'arc, particulière à l'architecture mauresque, subit au XVIe siècle une modification, consistant dans l'aplatissement de l'arc, comme l'indique la fig. 22, Pl. 1, signe précurseur de la décadence de l'architecture ogivale.

Aiguille. On donne ce nom à la terminaison pyramidale d'un clocher ou d'un clocheton.

Ambon. Chaire en menuiserie à deux rampes opposées, que l'on plaçait, dans les premiers siècles, en avant de l'autel, pour la lecture de l'Epître et de l'Evangile. L'ambon fut en usage jusqu'au XIIIe siècle.

Amortissement. Ce mot est employé pour désigner un couronnement placé, soit au sommet d'un pignon, d'un mur, d'un contrefort ou de toute autre partie. Ainsi, pour exprimer le couronnement ou la terminaison d'un contrefort par un clocheton ou une statue, on dira : une statue, un clocheton faisant amortissement d'un contrefort. Ce mot peut aussi s'appliquer à tout autre couronnement ou terminaison : ainsi, le pignon peut être considéré comme l'amortissement du mur ; la flèche et la balustrade, comme les amortissements de la tour, etc.

Antéfix. Pièce servant, dans les anciens édifices, à maintenir les tuiles au-dessus des corniches et figurant ordinairement une palmette servant à la décoration. On donne aussi ce nom à une croix inscrite dans un cercle et que l'on voit employé, au XIIe siècle, comme couronnement des pignons.

Appareil. On donne ce nom aux divers modes de taille et d'emploi des pierres, briques ou autres matériaux. L'appareil, dans les constructions, est une chose importante à considérer ; il joue toujours un rôle important, auquel se subordonnent des considérations de solidité et d'économie, résultat de son emploi judicieux et raisonné. Les Romains firent usage d'un grand nombre d'appareils variés que le moyen-âge a reproduits et dont voici les principaux : L'*opus incertum* ou *antiquum*, composé de pierres noyées sans ordre dans le mortier (Pl. 1, fig. 12) ; l'*opus reticulatum* (Pl. 1, fig. 10), composé de petits cubes de pierre placés obliquement, de manière à dessiner un espèce de réseau ou échiquier ; l'*opus spicatum* (Pl. 1, fig. 11), disposé en feuilles de fougères ou arêtes de poissons ; l'*opus imbricatum*, présentant une disposition analogue aux écailles de poissons (Pl. 1, fig. 12 bis).

Arabesques. Dessins variés et capricieux où l'on rencontre une très-grande quantité d'ornements imités des règnes végétal et animal ; ce genre d'ornements caractérise le style dit de la renaissance.

Arc. On appelle arc l'assemblage de matériaux appareillés et juxtaposés, servant à franchir un espace entre deux points. Les arcs, suivant leur forme et leur destination, ont reçu diverses dénominations que nous allons reproduire ci-après, savoir :

Arc-boutant. Cet arc est décrit par une portion de cercle ; il vient, par une de ses extrémités, s'appuyer contre le mur qu'il a mission de soutenir et par l'autre sur un contrefort en maçonnerie, qui lui sert de point d'appui. L'arc-boutant, employé dès le XIIᵉ siècle, continua de l'être pendant la période ogivale, mais sous des aspects qui lui donnèrent plus de hardiesse, de légèreté et d'élégance (Pl. 2, fig. 44, 45, 45 bis, 46).

Arc doubleau. Arc ou bandeau se détachant par une certaine saillie sur le nu des voûtes, et affecté ainsi comme renfort, comme doublure de cette partie de la construction. Ces arcs sont établis suivant des plans perpendiculaires à l'axe des nefs et viennent asseoir leur retombée sur les piliers correspondants des arcades et voûtes (Pl. 2, fig. 24, 24 bis, 24 ter). Lorsque l'arc-doubleau se développe parallèlement à l'axe des nefs, il reçoit le nom de formeret (Pl. 2, fig. 24).

Arc en anse de panier. Voyez *Arc surbaissé.*

Arc en fer-à-cheval. Cet arc, appelé aussi byzantin ou mauresque, est formé par une demi-circonférence qui serait prolongée au-dessous de son diamètre jusqu'à la rencontre d'une ligne qui lui serait parallèle et qui représente la ligne des naissances de l'arc (Pl. 2, fig. 15). Cette forme, commune dans l'Orient, fut employée chez nous dès les XIᵉ et XIIᵉ siècles.

Arc en segment de cercle. Cet arc, engendré par le cercle, présente un développement plus petit qu'une demi-circonférence ce qui place sa corde ou ligne des naissances au-dessus du centre de la circonférence (Pl. 2, fig. 12).

Arc linteau. Cet arc est formé d'une partie droite terminée à ses deux extrémités par des quarts de circonférence (Pl. 2, fig. 22 bis).

Arc plein-cintre. Il est formé par une demi-circonférence. Quelquefois ce cintre est surhaussé (Pl. 2, fig. 11).

Arc rampant. Voyez *Arc-boutant.*

Arc surbaissé ou en anse de panier (Pl. 2, fig. 22). Cet arc, plus ou moins aplati ou déprimé, est formé par une courbure dessinant le grand côté d'une ellipse ou par des courbes de raccordement à rayons divers. Cet arc se rencontre dans quelques cryptes de la période romane ; on le voit aussi, aux XVe et XVIe siècles, combiné avec l'arc en accolade (Pl. 2, fig. 8).

Arc trilobé. Cet arc est formé de la réunion de trois lobes plus ou moins resserrés (Pl. 2, fig. 29 bis).

Pendant la période romane, et notamment aux XIe et XIIe siècles, on voit quelquefois l'intrados des arcades et des baies adopter cette forme.

Arc en accolade. Cet arc est tantôt élancé (Pl. 2, fig. 20), tantôt surbaissé et aplati (Pl. 2, fig. 21) ; il est formé par un arc ogive dont la pointe ou sommet se relevait en pointe aiguë pour se raccorder, par des arcs de cercle, avec les parties inférieures de l'ogive. Ce genre d'arc est particulier aux XVe et XVIe siècles.

Arc ogive en lancette (Pl. 2, fig. 14). Si, sur une ligne donnée, on choisit deux points AB, représentant les naissances de l'arc en question ; si, de plus, on choisit deux autres points O et O', s'éloignant plus ou moins de A et de B, et que, de ces points comme centre, avec des rayons égaux OA, O'B, on décrive des arcs de cercle jusqu'à leur rencontre en S, on aura l'arc ogive dit en lancette que la fin du XIIe siècle et le XIIIe mirent en usage.

Arc en tiers point (Pl. 2, fig. 16). Pour tracer l'arc en tiers-point, on divise la ligne AB ou des naissances en trois parties égales aux points 1 2 ; de ces points comme centre, avec des rayons égaux A 2, B 1, on décrit des arcs qui viennent se rencontrer en S, qui est le sommet de l'arc. On a souvent employé la dénomination d'arc en tiers-point pour exprimer la courbe ogivale, quelle que soit sa forme.

Arc équilatéral (Pl. 2, fig. 17). Cet arc est décrit avec des rayons égaux dont les centres sont aux naissances et dont la grandeur est égale à la distance entre les naissances. Cet arc fut en honneur au XIVᵉ siècle.

Arc ogive surhaussé (Pl. 2, fig. 18). L'arc surhaussé est celui dont les courbes se trouvent prolongées par des tangentes au-dessous de la ligne des centres et jusqu'à la ligne des naissances.

Arc Tudor (Pl. 2, fig. 25). Cet arc peut être comparé à un arc ogive qui se serait aplati. Il fut employé en France dans un petit nombre d'édifices des XVᵉ et XVIᵉ siècles ; l'Angleterre et la Belgique l'employèrent bien plus fréquemment.

Arcatures. Arcades de petites dimensions destinées à décorer les parties lisses des murs pour en rompre l'uniformité. Les arcatures en plein-cintre furent en honneur pendant les XIᵉ et XIIᵉ siècles ; ce ne fut que pendant ce dernier et les suivants qu'elles revêtirent la forme ogivale. Au XVᵉ siècle, elles reçurent un plus grand luxe d'ornementation par l'adjonction des frontons ornés de crochets et couronnés par un bouquet.

Architrave. Partie inférieure de l'entablement qui repose immédiatement et horizontalement sur les chapiteaux des colonnes. Dans les entrecolonnements qui séparent la nef principale des nefs latérales, l'époque romane vit le plein-cintre se substituer à l'architrave des temps anciens.

Archivoltes. Ce sont des arcs établis au-dessus des piles des nefs, des pieds-droits des portes et fenêtres et servant à supporter les murs. Les archivoltes empruntent la forme, les moulures et ornements qui caractérisent les diverses périodes d'architecture.

Astragale. Moulure ronde ou boudin, séparant le chapiteau du fût de la colonne ; dans les ordres romains, l'astragale fait partie du fût, il est composé d'un tore, d'un filet et d'un

BIBLIOTHÈQUE IMPÉRIALE IMPR.

7

congé ; cette forme est suivie dans les édifices des premiers temps du moyen-âge. Dès le XII° siècle, l'astragale fait partie des chapiteaux à seule fin d'éviter l'évidement du fût nécessité par la saillie de cette moulure. Dans les diverses périodes du moyen-âge, on voit ce membre d'architecture accuser des modifications importantes dans son profil.

Atrium. Espèce d'avant-cour ordinairement entourée de portiques, qui précédait les églises latines.

Attique. Ordre ou étage supérieur d'un édifice, de hauteur moindre que les ordres ou étages inférieurs.

Balustrade. Barrière ou garde-corps à hauteur d'appui, percé d'ajours, formés d'arcatures et de compartiments ou dessins en rapport avec le style de l'époque ; ce ne fut guère que vers le XIII° siècle que l'on commença à faire usage de balustrades à l'extérieur de nos édifices, notamment au sommet des plates-formes des tours ; dans la suite et jusqu'au XV° siècle, elles continuèrent d'être en honneur ; on les vit même appliquées comme couronnements des arcs-boutants et des murs gouttereaux des nefs à la base des combles.

Bas-côtés ou collatéraux. C'est le nom que l'on donne aux nefs latérales.

Bas-relief. Motif de sculpture peu saillante relevée dans la masse ou supportée sur un champ de pierre, de bois ou de métal. Le moyen-âge fit un usage fréquent de la sculpture en bas-relief.

Base. Membre d'architecture faisant empatement et servant d'appui à la colonne. La base romaine subit de notables modifications pendant la période du moyen-âge.

Billettes. Ce sont de petits fragments de tores ou bâtons cylindriques séparés par des vides et dont les rangs, plus ou moins nombreux, sont chevauchés. L'architecture romane a fait un usage très-fréquent de ce genre d'ornement, que l'on voit décorer les archivoltes de nos portails, les bandeaux et corniches, pour disparaître à l'époque de la transition à l'ogive.

Byzantin (Style). Le style byzantin n'est autre chose que le style latin primitif, combiné avec le style grec dégénéré et dont Sainte-Sophie, de Constantinople, anciennement Byzance, nous offre un intéressant spécimen, qui servit de type aux artistes de l'Occident. Le plan des églises byzantines affecte généralement la forme carrée, en croix grecque, ronde ou polygonale ; les voûtes sont de forme hémisphérique ou en coupole, portées sur quatre points d'appui ou pendentifs ; quelquefois la croisée seule reçoit une coupole, les autres voûtes sont en arêtes.

Bracelets. Ce sont des anneaux ou bagues établis à diverses hauteurs dans les fûts des colonnes et colonnettes, qui ont reçu pour cela la dénomination de colonnes annelées.

Chanfrein ou biseau. Arête abattue dans un bloc de pierre ou une pièce de bois. Les chanfreins se montrent dans les socles ou piliers de la période ogivale, et dans les arcs doubleaux du XIIᵉ siècle.

Chapiteau. Membre d'architecture faisant couronnement des fûts de colonnes et servant de support soit aux entablements de l'architecture romaine , soit aux arceaux des voûtes et arcades de l'architecture du moyen-âge.

Chevet. C'est la partie postérieure de nos églises, comprenant les faces à l'orient correspondantes à l'abside centrale et faces du transept.

Chimère. Composition fantastique formée du mélange de la figure humaine aux figures d'animaux, de monstres, et foule d'autres compositions souvent empreintes d'obscénités, élaborées par des ouvriers et artistes abandonnés à leur libre arbitre, et se laissant aller à tous leurs caprices bizarres et profondément exagérés.

Claveau. Pierre taillée en forme de coin pour servir à la construction des voûtes.

Clé de voûtes. On appelle clé de voûte un morceau de taille appareillée en coin et servant de fermeture à la voûte.

Les clefs furent toujours ornées à leur surface d'ornements variés ; leur saillie sur le nu des voûtes alla toujours en augmentant jusqu'à ce qu'on les vit descendre aux XV° et XVI° siècles, comme ces stalactites appendues à la voûte de certaines grottes ; elles furent alors richement ornées, et reçurent le nom de clefs pendantes.

Clerestory. On donne le nom de clerestory à cette partie des murs de la maîtresse nef où sont percées les fenêtres, immédiatement au-dessus de la galerie du triforium.

Clochetons. Petites tourelles plus ou moins ornées, que l'on voit employées au sommet des contreforts et en divers points des façades, faisant toujours fonction d'un couronnement élégant (Pl. 5, fig. 1, 2, 5).

Collatéraux. Voyez *Bas-côtés.*

Colonne. La colonne est un support dont se servit l'architecture romaine pour asseoir son entablement ; ses parties composantes sont : la base, le fût et le chapiteau. Le fût présente la forme d'un cylindre légèrement rétréci à sa partie supérieure, près du chapiteau. Toutes les proportions des diverses parties de l'architecture romaine ont été établies en prenant pour module le rayon de la base inférieure ; il n'en a pas été ainsi pour l'architecture du moyen-âge, qui a préféré laisser à ses artistes une plus grande liberté dans leurs compositions.

Colonnes engagées. Le moyen-âge fit un usage fréquent des colonnes dites engagées, que l'on vit encastrées dans les murs ou piliers et s'en détacher aux trois-quarts (Pl. 4, fig. 19 bis) ; d'autres fois, on les vit s'en détacher complétement (Pl. 4, fig. 40).

Console. Voyez *Modillon et Corbeau.*

Contrefort. Bandeau ou pilastre plus ou moins saillant appliqué contre les murs de distance en distance, pour les fortifier. La construction des voûtes en maçonnerie, qui prit au moyen-âge une grande extension, fit un emploi plus fréquent des contreforts, que l'on vit grandir subitement surtout depuis leur association avec l'arc-boutant ; ils devinrent tous deux une partie intégrante et indispensable de nos édifices. Nous donnons à la planche 2 (Numéros 38, 39, ... 46), quelques spécimens de contreforts employés dans la période du moyen-âge.

Corbeau ou console. Petit corps d'architecture encastré dans les murs, et présentant une saillie ou encorbellement destiné soit à supporter une corniche, soit un balcon, soit des retombées de voûtes ou toute autre œuvre en saillie, sur le nu des murs. Les corbeaux ou consoles affectent des représentations variées que l'on trouve reproduites fréquemment pendant la période du moyen-âge.

Corbeille. La corbeille est cette partie du chapiteau qui se raccorde immédiatement au fût de la colonne par une moulure dite astragale ; elle est le siége principal de l'ornementation qui vient grouper et attacher sur son pourtour des productions variées du règne végétal et animal disposées toujours avec beaucoup de naïveté et d'élégance (Voir à la Pl. 5, fig. 15, 16, 17, 17 bis, ... 25).

Corniche. Dans l'architecture grecque et romaine, la corniche détermine le couronnement de l'ordre, elle est le troisième membre de l'entablement, superposé à la frise. En général, on appelle corniche cet assemblage de divers corps de moulures faisant couronnement des façades ou divisant ces dernières en diverses zônes ou étages distincts. La période romane fit un usage fréquent et varié des corniches, qu'elle décora avec beaucoup d'originalité.

Croisée. Voyez *Transepts*.

Croix latine. Configuration adoptée dans le plan des basiliques, depuis l'adoption des croisées ou transepts. Le croisillon ou branche transversale de la croix est plus petit que la tige ou grande nef.

Croix grecque. Forme particulière à l'architecture byzantine, admettant l'existence de quatre bras égaux.

Crosses. Ces ornements, ainsi appelés par leur ressemblance avec l'extrémité du bâton pastoral, reçurent également le nom de crochets. A l'époque des XII° et XIII° siècles, ils affectent la forme d'une tige galbée recourbée à son extrémité supérieure et terminée, soit par une feuille en volute, soit par une tête d'homme ou d'animal. Dans le siècle suivant, ils se modifient et nous les voyons, au XV° siècle, sous la forme de feuilles déchiquetées et contournées représentant des chardons, chicorées, etc., affectés à la décoration des frontons, pignons, chapiteaux, clochetons, etc.

Crypte. Dans l'origine, on appela crypte les grottes ou retraites souterraines destinées à la sépulture des corps des saints martyrs ; plus tard, ce nom fut appliqué aux chapelles souterraines établies sous le chœur et quelquefois sous la nef, pendant la période romane.

Cul-de-lampe. Ornement en relief faisant encorbellement sur le nu des murs et servant à recevoir la retombée de voûtes ou la décoration de statues. Les culs-de-lampes ont toujours été parés de la décoration de l'époque.

Cunéiforme. En forme de coin, se dit des voussoirs de voûtes.

Dais. Petit couronnement faisant saillie sur le nu du mur et placé ordinairement au-dessus des niches destinées à recevoir des statues. Au XII° siècle, on le vit apparaître sous la forme de forteresses ou petits édifices flanqués de tourelles et décorés de créneaux, genre de représentation que l'on a qualifié du nom de *Jérusalem-Céleste*. Dans les siècles suivants, on le voit adopter des formes de plus en plus riches et variées (Pl. 4, fig. 4 bis, 5, 5, bis).

Dé. Partie prismatique entre la base et la corniche du piédestal de l'architecture grecque et romaine.

Deambulatorium. Prolongement des nefs latérales autour du chœur.

Décharge (Arc de). C'est un arc établi au-dessus d'une

partie de construction que l'on veut mettre à l'abri de la charge des parties supérieures.

Dent de scie. Ornement ainsi appelé par sa ressemblance avec les dents de l'instrument appelé scie. La période romane le mit en usage; on le vit même employé jusqu'au XIIIe siècle (Pl. 4, fig. 17 bis.)

Dosseret. Jambage ou pilastre.

Edicule. Petit édifice, tel qu'un baptistère, un tabernacle, etc.

Empatement. Appendice ou patte affectant la forme d'une volute, d'une feuille contournée, d'un mascaron à tête d'homme ou d'animal, raccordant les angles carrés de la plinthe au tore de la base (Pl. 3, fig. 30).

Encorbellement. Toute saillie d'un membre d'architecture sur un autre membre mesuré à partir du nu du mur.

Entablées (feuilles). Larges feuilles variées se dessinant sur les bandeaux et corniches (Pl. 4, fig. 3).

Entablement. C'est ce corps de l'architecture antique supporté par les colonnes. Il se compose de trois membres : l'architrave, la frise et la corniche. Le moyen-âge a supprimé les deux premiers membres et n'a réservé que la corniche.

Entrelacs. Ornements qui s'entrelacent avec plus ou moins de grâce. L'architecture romane en a fait un fréquent usage.

Extrados. Partie extérieure et convexe d'un arc ou d'une voûte.

Festons. Déchiquetures affectant généralement la forme trilobée, que l'on voit employée aux XVe et XVIe siècles dans les archivoltes des portes et fenêtres (Pl. 2, fig. 7).

Flamboyant. Disposition contournée et tourmentée des compartiments à jour qui ornent les tympans de nos fenêtres et roses des XVe et XVIe siècles. Ces dessins, affectant la forme d'une flamme renversée, ont fait donner au style de cette époque le nom de style flamboyant (Pl. 1, fig. 44, 45).

Fleuron (Pl. 4, fig. 4). Sorte de fleurs épanouies, à quatre ou cinq lobes et à disque saillant.

Formeret (Arc). Voyez *Arc doubleau.*)

Frettes crénelées (Pl. 4, fig. 45). Espèce de cordon ou de baguette se repliant symétriquement sous des angles droits ou aigus, de manière à former des dessins dont la ressemblance avec des créneaux leur a fait donner le nom de frettes crénelées. Cet ornement, particulier à la période romane, fut employé à rehausser les parties unies et plates des archivoltes des portes et fenêtres, des corniches et plains de murs.

Frise. Membre de l'entablement antique compris entre l'architrave et la corniche. Cette partie fut souvent décorée de broderies et autres ornements.

Fronton. Couronnement d'un mur ou de toute autre partie, en forme de triangle. On rencontre des frontons qui présentent l'aspect d'un segment de cercle et que l'on a appelés frontons circulaires. La renaissance fit un usage fréquent de ce genre de fronton.

Fût (Voyez *Colonne*). Les fûts, dans la période romane, reçurent un grand luxe d'ornementation (Pl. 4, fig. 51, 52, 33, 54).

Galbe. Voyez *Pignon.*

Gargouille. Sorte de conduit ou chenal saillant en pierre, placé à une certaine hauteur et servant à rejeter sur le sol les eaux des combles. Ces conduits affectent des formes variées ; quelquefois ils représentent des figures d'hommes, d'animaux, de monstres, des compositions satyriques souvent empreintes d'obscénités.

Géminées (fenêtres). Se dit de deux fenêtres dont les arcades ont leur retombée sur une colonnette centrale et sont circonscrites ou non par une grande arcade (Pl. 1, fig. 22, 23). On rencontre des arcades géminées au nombre de trois (Pl. 1, fig. 24).

Godronné. (Se dit des fûts et chapiteaux). La figure

16 , planche 3 , donne un exemple de chapiteau godronné.

Historié. Voyez *Chapiteau.*

Imbrication. Disposition d'ornements superposés en forme d'écailles de poisson , ou comme les tuiles d'un toit.

Imposte. Corniche faisant couronnement de pied-droit , et recevant la retombée des archivoltes des arcades.

Intrados. Surface intérieure d'un arc ou d'une voûte.

Jérusalem céleste. Voyez *Dais.*

Lancéolé. Voyez *Arc.*

Lancettes. Nom donné par les Anglais à cette forme d'arc ogive allongé, ressemblant à un fer de lance, et que nous voyons employé dans la construction de portes et fenêtres pendant la période du XIII° siècle.

Linteau. Pierre de taille placée horizontalement au sommet des jambages de portes ou de fenêtres au-dessus de laquelle se dessine l'archivolte. La période romane, pour éviter le bris de ce linteau par la charge des parties supérieures, l'a surmonté d'un arc dit de décharge.

Listel. Petite moulure à section rectangulaire, accompagnant presque toujours un petit tore ou boudin.

Meneaux. Ce sont les montants ou traverses en pierre ou toute autre matière, qui opèrent la division des fenêtres en plusieurs compartiments et se ramifient ordinairement dans la partie supérieure. Dans les XII°, XIII° et XIV° siècles, ils affectent la forme de petites colonnettes, mais aux XV° et XVI° siècles ils présentent des moulures prismatiques.

Modillon. Ornement en saillie placé sous les corniches et affectant des formes variées (Pl. 1, fig. 13, 14, 15.....19).

Narthex ou Pronaos. Vestibule intérieur des anciennes basiliques, formant en quelque sorte l'étage inférieur de la tour élevée sur le portail occidental. Le narthex se distingue du porche ou atrium qui consiste en un espace couvert, entouré de portiques et précédant l'entrée des églises.

Nervures (Pl. 2, fig. 31, 32, 37 bis). Assemblage de

moulures à profils variés formant des espèces de cordons ou nerfs qui se dessinent en saillie sur le nu des voûtes en suivant leurs arêtiers, qu'ils soutiennent, pour venir ensuite s'infléchir sur le sommet des piliers.

Nimbe. Cercle ou auréole placé derrière la tête des saints, dans les représentations du moyen-âge. Le nimbe du Christ est souvent traversé par une croix grecque, ce qui lui a valu la dénomination de nimbe crucifère.

Ogive. Voyez *Arc ogive*.

Panneaux. Surface circonscrite par des moulures. Aux XVe et XVIe siècles, on qualifiait de ce nom l'assemblage de meneaux ou montants verticaux réunis à leur partie supérieure par des arcs trilobes ; on rencontre plusieurs étages de ces compartiments séparés par des traverses horizontales. Leur ressemblance avec des panneaux de menuiserie leur a fait donner ce nom.

Pendentif. Ce membre d'architecture, inconnu des anciens, est d'origine byzantine ; il affecte la forme d'un triangle ou portions de voûte à double courbure faisant remplissage entre les arcades qui reçoivent une coupole hémisphérique.

Piédestal. Membre d'architecture formé de trois parties : la base, le dé et la corniche. Le moyen-âge a employé le piédestal en en retranchant la base et la corniche et ne conservant que le dé.

Pieds-droits. Se dit des jambages d'une porte ou d'une fenêtre qui reçoivent le linteau ou les retombées de l'arcade.

Pignon ou galbe. Partie supérieure d'un mur se terminant en pointe et dont les rampants suivent ou déterminent les pentes d'un toit à deux égouts.

Pilastres, piliers. Sorte de massif à section généralement carrée, sobre d'ornement et servant à recevoir la retombée des divers arcs soutenant les murs et voûtes. Dans la période du moyen-âge on rencontre des piliers accompagnés de colonnes engagées, qui, en se multipliant et se groupant autour jusqu'au XIV° siècle, deviennent de plus en plus grêles, se déforment et finissent par échanger au XV° siècle la forme arrondie de leur tore contre un assemblage de filets et gorges profondes, constituant un ensemble de moulures dites prismatiques.

Pinacle. Sorte de clocheton de petite dimension, d'un aspect très-grêle, affectant la forme d'une aiguille ou pyramide hérissée de crochets. On rencontre des pinacles dits en application contre les murs. Les XIII°, XIV° et XV° siècles firent un emploi plus fréquent des pinacles qui occupent généralement le sommet des contreforts, les parties les plus élevées et les plus saillantes des édifices sur lesquels ils se posent en amortissement (Pl. 2, fig. 45, 45 bis et 46).

Polychrôme (Peinture). Peinture comportant l'emploi de tons ou nuances de diverses couleurs.

Porche. Construction légère, présentant différentes formes, établie en avant des portails d'entrée et dont l'usage remonte aux premiers siècles de l'Eglise.

Presbyterium. Espace circulaire derrière l'autel, où se plaçait l'Evêque, et qui était occupé, dans les premiers temps, par le président et les juges assesseurs. Cet espace fut converti, dès la fin du XIII° siècle, en une chapelle dédiée à la Vierge.

Pronaos. Voyez *Narthex*.

Quatre-feuille. Le quatre-feuille est un ornement formé de l'assemblage de quatre lobes, quelquefois arrondis, quelquefois aigus, présentant la forme d'un arc accolade, dernier caractère propre au style des XV° et XVI° siècles. On rencontre des quatre-feuilles inscrits dans un cercle auquel on a donné le nom de quatre-feuilles encadrés. Le quatre-feuille constitue un ornement caractéristique de l'époque ogivale.

Rayonnant. Se dit de la disposition analogue à la configuration d'une roue que l'on trouve appliquée aux roses qui ornent nos portails du XIII° et notamment du XIV° siècle;

ce qui a fait donner par quelques antiquaires le nom de style rayonnant à celui de cette dernière époque.

Rinceaux. Enlacement gracieux de feuilles et fruits.

Rosaces. Les rosaces sont de petits disques analogues aux fleurons, mais comportant un plus grand nombre de pétales épanouies que ces derniers. La période ogivale en a fait un usage très-répandu; on les voit notamment rehausser les clefs de voûtes.

Roses. Fenêtres circulaires divisées et subdivisées à l'intérieur, soit par des colonnettes partant d'un noyau central et rayonnant vers divers points de la circonférence à laquelle elles se rellent par des arcs trilobés (Pl. 4, fig. 42, 43, 44); soit par des meneaux à moulures prismatiques, se contournant et se ramifiant de façon à dessiner des compartiments en forme de flamme renversée (Pl. 4, fig. 45). Les roses, par les divisions heureuses de leurs compartiments, concourent puissamment à la décoration de nos portails.

Rudentures. Baguettes cylindriques qui garnissent, à la partie inférieure, le creux des cannelures. (Pl. 4, fig. 32.)

Salamandre. Animal caractéristique des monuments élevés sous le règne de François Ier, qui l'avait adopté pour emblème.

Scotie. Moulure concave se raccordant généralement avec des tores.

Symboles. Représentation de saints personnages par l'emploi d'animaux, soit isolés, soit accompagnés de divers accessoires. Ainsi, l'ange, le lion, l'aigle et le bœuf sont adoptés comme représentation des quatre Évangélistes. Le Christ est quelquefois symbolisé par l'agneau, dont la tête est entourée du nimbe crucifère.

Tailloir ou abaque. Couronnement qui surmonte immédiatement la corbeille du chapiteau; dans la période romane, il est généralement carré et de forte proportion; dans celle ogivale, il est plus léger et revêt d'abord la forme carrée, puis celle octogonale et enfin, vers le XVe siècle, il affecte la forme circulaire.

Tiers-point. Voyez *Arc en tiers-point*.

Tore. Moulure à section cylindrique faisant partie de la base antique. Le moyen-âge, qui employa cette moulure, lui fit subir des modifications sensibles qui en altérèrent la forme et le firent disparaître peu à peu complétement. Ainsi, dans les bases du XIIIe siècle, nous voyons un commencement d'aplatissement du tore (Pl. 3, fig. 32), qui va croissant pendant le XIIIe siècle au point de le faire déborder la plinthe (Pl. 3, fig. 36). A cette époque, la scotie (qui séparait les deux tores dans la base antique) s'oblitère peu à peu et disparaît de manière à déterminer au XIVe siècle le rapprochement des deux tores avec modification de celui supérieur. Les archivoltes et colonnettes, qui empruntaient la forme cylindrique du tore, subissent également des modifications sensibles consistant en l'allongement de ce dernier et la terminant par une arête mousse (Pl. 2, fig. 32), qui disparaît ensuite pour faire place à un renflement donnant à ce tore le profil d'une carène de navire (Pl. 2, fig. 37 bis). Cette modification du tore sert de prélude à l'apparition des moulures prismatiques formées de filets séparés par des gorges profondes et dont les XVe et XVIe siècles nous offrent des exemples (Pl. 4, fig. 40 ter).

Transepts chalcidiques, bras, croisées et croisillons. C'est une nef transversale qui coupe à angle droit le vaisseau des basiliques, de manière à donner à l'édifice l'apparence d'une croix. L'introduction des transepts remonte aux IVe et Ve siècles; on les voit quelquefois s'éloigner du chœur et se rapprocher de la nef en prenant de l'extension de façon à donner à l'édifice le plan d'une croix grecque.

Trèfle (Pl. 1, fig. 40). Ornement formé de l'assemblage de trois lobes arrondis que l'on vit revêtir la forme aiguë de l'ogive et même celle de l'accolade des XVe et XVIe siècles.

Ces ornements reçurent un emploi fréquent pendant la période du moyen-âge.

Triforium. Nom donné par les Anglais à cette galerie obscure régnant dans l'épaisseur du mur, immédiatement au-dessous de l'étage du clerestory. Cette galerie prend jour sur la nef par des arcatures accouplées deux à deux, mais le plus souvent trois à trois dans la largeur de chaque travée, avec leurs petites colonnettes de support surmontées d'arcs trilo-bés et de compartiments dans le goût de l'époque. Dans les grandes églises, on vit quelquefois deux galeries ou triforium superposés. Dans le XIVe siècle, cette galerie obscure fut mise à jour en perçant le parement des murs par des arca-tures semblables à celles de l'intérieur.

Tudor. Voyez *Arc Tudor*.

Verrière. Assemblage par panneaux de vitraux de cou-leur dans les divers compartiments de fenêtres.

Voussure. Surface courbe formée par la réunion des tores et scoties qui décorent les archivoltes des arcs en général. Dans les XIVe et XVe siècles, les voussures reçurent un grand luxe d'ornementation.

Voûtes (d'arêtes.) Ces voûtes sont formées de la péné-tration de deux berceaux se rencontrant ordinairement à angle droit (Pl. 2, fig. 24.) Pendant la période romane, les ber-ceaux qui se pénètrent sont à courbe plein-cintre, tandis que pendant la période ogivale ils ont pour section l'ogive, et de plus les arêtiers de ces dernières voûtes sont dessinés par des nervures saillantes qui viennent prendre leur tas de charge sur les piliers en se pénétrant avec les autres arceaux qui viennent également s'y infléchir.

Voûte en berceau dite plein-cintre. Cette voûte, engendrée par une demi-circonférence, fut employée durant toute la période romane jusqu'au moment où l'arc ogive vint se substituer à son arc plein-cintre au commencement du XIIe siècle. Comme moyen de fortifier les berceaux en plein-cintre, la période romane introduisit l'usage des arcs dits doubleaux (Pl. 2, fig. 24 bis), qui déterminèrent la division de ces voûtes en compartiments égaux que l'on a appelés *travées*.

Voûte en cul-de-four. Cette voûte engendrée par un quart de cercle, apparaît, pendant la période romane, dans les chevet et abside.

Zigzags. Ornements employés pendant la période romane (Pl. 4, fig. 14).

TABLE DES MATIÈRES.

chers. — Porches. — Ornementation. — Peinture monumentale. — Verrières ou vitraux.

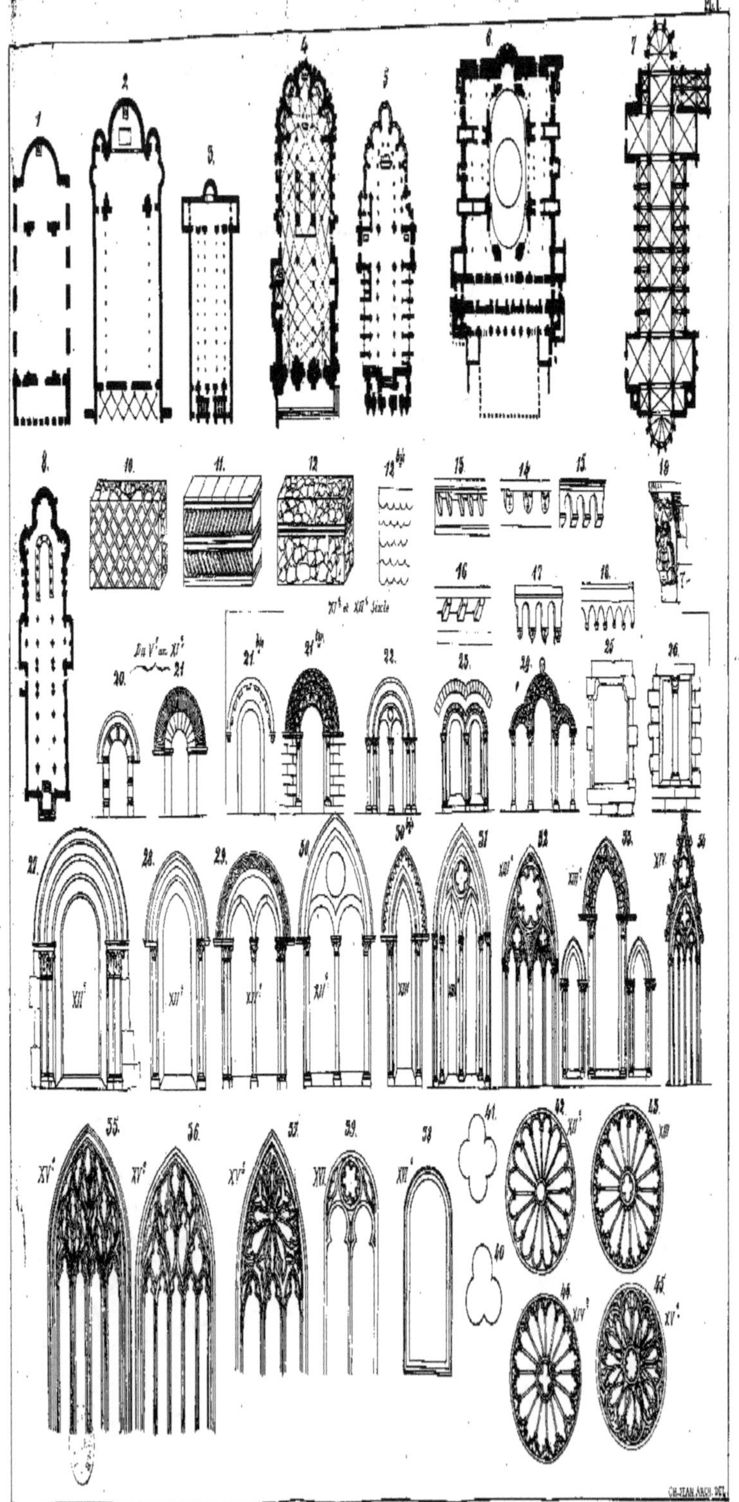

CH. JEAN ARCH. DEL.

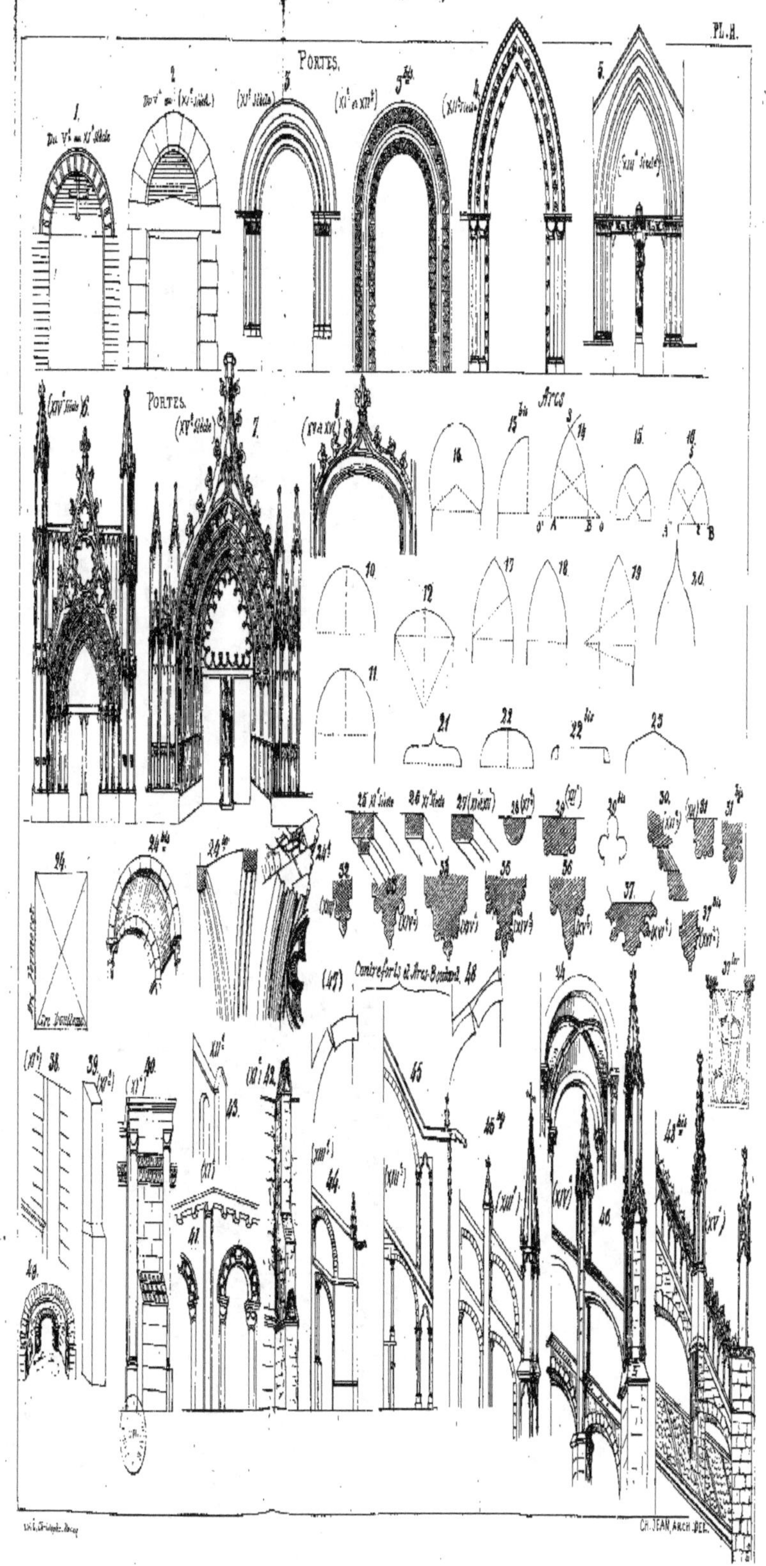

PL. H.
PORTES.
Du Ve au XIe Siècle.
XIe Siècle.
XIe et XIIe
XIIe Siècle
XIIIe Siècle
PORTES.
XIVe Siècle
XVe Siècle
Arcs
Contreforts et Arcs-Boutants.
CH. JEAN, ARCH. DEL.

Pl. III
CLOCHERS
BALUSTRADES
CHAPITEAUX
BASES
CH. JEAN. ARCH. DEL.

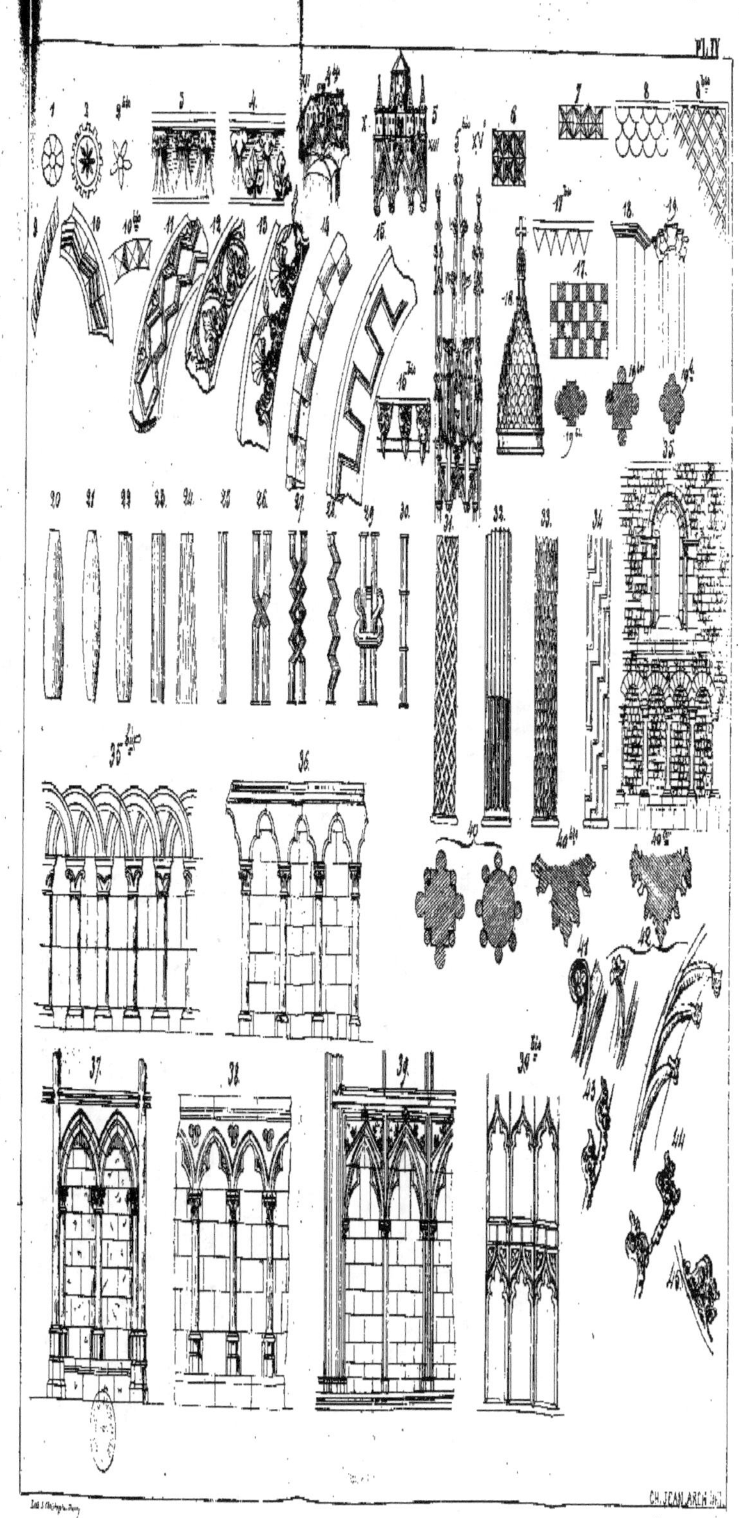

CH. JEAN, ARCH.

Pl. V.
1
1
2
3
4
5
6
7
8
CH. JEAN, ARCH. DEL.

www.ingramcontent.com/pod-product-compliance
Lightning Source LLC
LaVergne TN
LVHW021841170726
843503LV00003B/1022

9782329769714